Karl Brunnengräber

SAUCEN-
BREVIER

Karl Brunnengräber

SAUCEN-
BREVIER

Über 400 Rezepturen
5. Auflage

MATTHAES VERLAG GMBH

ISBN 3-87516-058-4

Alle Rechte vorbehalten
Nachdruck, auch auszugsweise, nicht gestattet
© 1994, 2001 MATTHAES VERLAG GMBH, STUTTGART
Printed in Germany – Imprimé en Allemagne
Matthaes Druck, Stuttgart

VORWORT

Rund 400 Anweisungen haben wir in diesem Saucen-Brevier zusammengestellt. Unsere Bemühungen gingen dahin, Wissenswertes in übersichtlicher und verständlicher Form aufzuführen, um allen interessierten Köchen die Möglichkeit zu geben, über den eigenen Herd hinausschauen zu können.

Wissen ist gut – Können ist besser. Fallen Wissen und Können zusammen, ist der Idealzustand erreicht.

Die Saucenzubereitung mit allen ihren Abwandlungen bringt überwiegend kulinarische Köstlichkeiten hervor, die mit Gewürzen, Weinen, Bränden und verschiedenen Einlagen noch betont oder verfeinert werden können. Zu diesen küchentechnischen Fertigkeiten gehört allerdings neben dem Beherrschen der Rezepturen auch ein ausgewogenes Geschmacksempfinden.

In unseren Küchen hat sich einiges geändert. Vieles ist heute vom Zwang zur Rationalisierung und außerdem von den Forderungen der Ernährungswissenschaft beeinflußt. Wo aber steht geschrieben, daß deshalb weniger gut gekocht werden soll? Die Saucen der so häufig zitierten „Nouvelle Cuisine Française", deren Lob nur ganz bestimmte Kreise anstimmen, sind nichts für den Großteil unserer Gäste. Sie werden deshalb in diesem Buch nicht berücksichtigt. Es kann ja nicht jeder Tag ein Schlemmertag sein, aber es sollte jeden Tag gut gekocht werden!

Unter diesem Vorsatz ist unser Brevier geschrieben worden. Wir hoffen, die Experimentierlust der Köche zu fördern. Damit dürfte das Buch den erstrebten Nutzen bringen.

Karl Brunnengräber

INHALTSVERZEICHNIS

Vorwort 5
Quellenhinweise 8
Kleine Saucenhistorie 9
Und der heutige Stand? 15
Grundbrühen und Grundsaucen 23

Fischsaucen
   Die Behandlungsweisen der Fischsaucen 29
   Weiße und braune Fischsaucen 30
   Braune Fischsaucen 36

Weiße Grundsaucen – Béchamelsaucen
   Ableitungen der weißen Grundsauce 40
   Ableitungen der Béchamelsauce 46

Weiße und braune Geflügelsaucen 49
Braune Grundsaucen für Schlachtfleisch und Wild 54
Aufgeschlagene Saucen 66
Kalte Grundsaucen 72
Buttermischungen 85

Süße Saucen
   Süße Saucen zu warmen und kalten Süßspeisen . . . 90

Allgemeine Anmerkungen 97
Register 100

QUELLENHINWEISE

Banzer-Friebel, Hotel- und Restaurationsküche
Blüher, Meisterwerk der Speisen und Getränke
Antoine Carême, L'art de la cuisine au XIXe siècle
Das Buch von guter Spyse
Koch und Kellermeisterey
La Varenne, Le cuisinier François
Küche, Zeitung der Köche, Zeitschrift für Ernährung,
  Kochkunst und Tafelwesen

KLEINE SAUCENHISTORIE

Wenn man aus alten Kochbüchern und Schriften aus der Antike bis weit ins Mittelalter die Entwicklung der Kochkunst verfolgt, so ist der Fortschritt schon sehr beträchtlich. Das macht sich besonders bei den Saucen bemerkbar. Denn Saucen im modernen Sinne und nach unseren heutigen Begriffen hatte man am Anfang nicht. Die „Salsen", wie sie damals genannt wurden, waren in Wirklichkeit nur Brühen, die je nach Bedarf oder Wunsch mit Wein, Öl, Wasser, Säuren, Frucht- oder Gemüsesäften, vielerlei Gewürzen und Kräutern hergestellt wurden. Ein sinnvollerer Name für diese Saucen wäre besser Würze oder Kondiment gewesen, wie sie später auch in verschiedenen französischen, englischen, römischen und deutschen Schriften genannt wurden.

Es ist anzunehmen, daß diese handschriftlich niedergelegten Kochanweisungen ursprünglich Notizen und Rezeptaufzeichnungen waren, die leider meist nur kurze und wenig ergiebige Vermerke enthielten. Wären sie ausführlicher gewesen, so könnten wir uns heute ein zuverlässiges, klares Bild der Kochkunst früherer Zeiten machen.

Dank einzelner Interessenten und verschiedener Gesellschaften ist ein Teil dieser Schriften im Druck erschienen und einem interessierten Kreis zugänglich gemacht worden. Die wichtigsten waren die Handschriften Apicius', Taillevents, Bartolomeo Scappis, einige Schriften der Leibköche des englischen Königshauses und endlich die Aufzeichnungen, die zum „Buch von guter Speise" führten. Die von Apicius in lateinischer Sprache abgefaßten Schriften waren dann später die einzigen aus der Antike, die vollständig übersetzt werden konnten, und sie enthielten schon Anweisungen über Tunken, die heute freilich keine Gültigkeit mehr haben. Taillevents Buch war trotz der ungenügenden und recht komisch anmutenden Anweisungen das am meisten gedruckte Buch seiner Zeit, es enthielt aber nur 17 verschiedene Saucen, die in gekochte und ungekochte eingeteilt waren. Zur gekochten Sauce hieß es: Im Mörser feingestoßene Mandeln werden mit Weißwein und Fleischsaft zu einem halben Liter verdünnt, Ingwer und Gewürz zugefügt, durch ein Sieb passiert und in einer Paelle (flache Pfanne) aufgekocht und zur Seite gestellt. Zu der ungekochten Sauce, heißt es in der Rezeptur, wird Brot recht braun geröstet, in einem irdenen Topf mit Rotwein eingeweicht und nach einiger Zeit, unter Zugabe von mehr Wein, durch ein Sieb passiert. Alsdann gebe man einen Schoppen Essig, etwas Zimt, Ingwer, feingemahlenes Gewürz, Salz sowie ein halbes Pint (¼ Liter) Öl dazu, passiere nochmals durch das Sieb und hebe sie bis zum Gebrauch auf. Es gehört schon viel Phantasie dazu, wenn es weiter heißt, daß diese Saucen zu Enten, Wildkaninchen und Schweinebraten sowie zu verlorenen Eiern, gekochtem Schellfisch und tausend anderen Gerichten geradezu unentbehrlich seien.

Ebenso grotesk ist im Kochbuch des Bartolomeo Scappi die Sauce, welche für einen Hecht bestimmt ist: Ein halbes Glas Rosenwasser und das gleiche Quantum Fleischsaft werden mit etwas Ingwer und Majoran sowie der Leber des Hechtes gekocht und durch das Sieb passiert, mit Zucker vermischt, über den gebratenen Hecht gegossen, der noch einige Zeit in der Sauce gedämpft wird. Zu Geflügel und Spießbraten empfiehlt er eine Sauce, die schon einen feineren Einschlag hat. Zur Verdickung gebraucht Scappi außer dem herkömmlichen gerösteten Brot noch hartgekochte Eigelbe, welche mit Honig und Korinthen im Mörser gestoßen wurden, um mit rotem Weinessig und Malvasierwein verdünnt zu werden. Durch ein Sieb passiert, mit Zimt, Pfeffer, Nelken und Muskatblüte gewürzt, wurde dieses Gemisch aufgekocht, nochmals durch das Sieb passiert und kalt serviert.

Es ist unbekannt geblieben, wer der Verfasser des „Buches von guter Speise" ist, das zwar erst 1844 in Stuttgart erschien, dem aber eine Handschrift aus dem 14. Jahrhundert zugrunde lag. Es ist das älteste bekannte deutsche Kochbuch, enthielt schon 90 Rezepte und war in der damaligen Zeit für jeden an der Kochkunst Interessierten eine höchst willkommene Quelle der Belehrung. Auch in diesem Buch liebte man es, die Speisen und im besonderen die Saucen neben den Gewürzen mit Wohlgerüchen zu vermischen. Dazu zählten Rosenwasser und Lavendel. Die Dürftigkeit der überlieferten Rezepturen der damaligen Zeit darf nicht darüber hinwegtäuschen, daß die französische und römische Küche starken Ein-

Saucenhistorie

fluß auf die Kochgewohnheiten der europäischen Länder ausübte und daß auch Deutschlands Köche mehr oder weniger von fremden Köchen beeinflußt wurden. Die Zusammenstellung von Lavendel, Rosenwasser und Zucker als Saucenbestandteil, insbesondere zu einem Fisch, erscheint uns heute doch etwas seltsam, zu jener Zeit war es aber nichts Außergewöhnliches; viele Saucen und Fleischgerichte wurden mit Zucker und Honig gewürzt. Neben großen Mengen scharfer Gewürze und Unmengen von Kräutern, die den natürlichen Geschmack der Lebensmittel übertönten, war Honig vielfach ein weiterer Bestandteil der Saucen. So wurde Fisch in Wein und Essig gekocht und mit allerlei Gewürzen wie Zimt, Ingwer, Nelken und Paradieskörnern (Kardamom) abgeschmeckt. Die Brühe wurde dann mit dünnem, dunkel geröstetem Brot verdickt, durch ein Sieb passiert und zu guter Letzt mit Honig in der Schärfe gemildert.

Die Übertreibung beim Gebrauch von Gewürzen und Kräutern machte auch vor dem Knoblauch nicht halt. Er fand zu der damaligen Zeit eine schier übermäßige Verwendung. So findet man in der Literatur eine weiße, eine gelbe und eine grüne Knoblauchsalse, die alle in Wein und Essig geweichtes und durch ein Sieb gestrichenes Brot als Basis hatten. Zur weißen Knoblauchsalse fügte man Mandelmilch bei, zur gelben verwendete man Safran, und zur grünen wurden die verschiedensten Kräuter wie Petersilie, Basilikum, Estragon, Minze und Brunnenkresse im Mörser gestoßen.

Die Zeit bis zum 16. Jahrhundert bescherte der Nachwelt eine ganze Reihe von Kochbüchern, wovon die bekanntesten die Bücher „Koch- und Kellermeisterey", „Le cuisinier François" von La Varenne und das schon erwähnte Buch von Bartolomeo Scappi sind. Das Buch „Koch- und Kellermeisterey" zeigte keinen bemerkenswerten Fortschritt in der Zubereitung der Saucen, es enthielt nur gut ein Dutzend Rezepturen, die aber schon mit Anleitungen zur Abwandlung versehen waren und größere Variationen möglich machten.

Scappis Buch führt schon knapp 50 Saucen auf, die er meistens als Sapore bezeichnet, nur ein kleiner Teil, wahrscheinlich eine mindere Qualität, führt den Namen Salse. Auch begegnet man vielen schon bekannten Salsen seiner Vorgänger, doch sind sie alle erheblich verfeinert. Vor allem zeichnete Scappi sich dadurch aus, daß in seinen Aufzeichnungen Maß und Gewicht mit Sorgfalt angegeben waren.

La Varenne weiß in seinem Buch nur wenig über Saucen zu berichten. Seine Ausführungen, die noch ganz nach dem alten Verfahren geschrieben sind, kann man nur als sehr dürftig bezeichnen. Sie sind im großen ganzen so unbestimmt, daß es eigentlich nur eine Beschreibung war, aus welchen Bestandteilen die Saucen zusammengesetzt sind. Das zeigen nachfolgende Rezepturen: „Die Salse, genannt Poivrade, wird mit Essig, Salz, Zwiebel, Schnittlauch, der äußeren Schale von Orangen oder Zitronen und Pfeffer zubereitet, man kocht sie und serviert sie mit dem Fleisch, welches am besten dazu paßt." Oder: „Für Rebhühner gebraucht man Orangensaft oder einen Auszug von Grünkern und so weiter." Für Lamm- oder Schweinebraten empfiehlt er „grüne Sauce als die beste damit zu servieren".

Allerdings hat La Varenne für die damalige Zeit auch etwas Neues gebracht. Bei seinem Gericht Truthahn mit Himbeeren überrascht weniger die Verwendung von Himbeeren zum Truthahn, sondern die Praxis, daß die dazugehörige Sauce mit Mehl, daß heißt mit einer Einbrenne, gebunden wird. Die Übersetzung sagt: „Der gefüllte Truthahn wird am Spieß dreiviertelgar gebraten, dann in eine Terrine getan und unter Zugabe von Bouillon, Champignons, Weinäpfeln, Minze sowie Brunnenkresse fertiggekocht. Um die Sauce zu binden, nehme man etwas geschnittenen Speck und lasse ihn zergehen. Die Grieben werden entfernt und etwas Mehl beigefügt, welches man schön braun werden läßt und mit der Bouillon sowie Essig ablöscht. Diese Mischung kommt dann mit Zitronensaft in die Terrine. Zur Zeit der Himbeeren streut man eine Handvoll darüber und wird so serviert."

So findet man noch einige Rezepturen dieser Art, in denen er Mehl zur Verdickung der Brühen verwendet. La Varenne war sicher einer der ersten, der diese Methode anwendete. Sie gilt sicherlich als Vorläufer des Roux und der verschiedenen Coulis, die aber erst viele Jahre später in Gebrauch kamen.

Mit Anfang des 18. Jahrhunderts fing die Ära der verschiedenen Coulis und Roux an und zur gleichen Zeit die allgemeine Verwendung der Fleischbrühen und Kräuterauszüge zur Herstellung von Saucen. Weder Köche noch die damaligen Autoren waren sich voll bewußt, daß mit der Einführung von Coulis und Roux, aber besonders mit deren Entwicklung eine Neuerung entstanden war und daß mit deren Anfang das Althergebrachte in den Hintergrund gedrängt wurde. Während die früheren Saucen den Mangel der Überwürzung aufwiesen, im ganzen aber doch recht einfach waren, begann nun eine Verschwendung in der Herstellung der Brühen, Coulis und Saucen, die uns heute unglaublich vorkommt.

Ein Beispiel dieser Vergeudung soll hier geschildert sein: „Um einen guten Coulis herzustellen, muß man zumindest einen ganzen Kalbsschlegel und die Nuß eines Schinkens verwenden. Das Kalbfleisch und der Schinken werden in faustgroße Stücke geschnitten, mit zwei Zwiebeln und zwei gelben Rüben über schwachem Feuer und unter fortwährendem Rühren geschwitzt, bis das Fleisch gleichmäßige Farbe genommen hat. Dann wird gute Fleischbrühe zugefügt nebst Basilikum, Nelken, Knoblauch, geschälten Zitronen, in Scheiben geschnitten, sowie etlichen Champignons. Tue dann ein gutes Stück Butter in eine Kasserolle, setze sie auf schwaches Feuer, füge zwei oder drei Hände voll Mehl bei, rühre mit einem Holzlöffel und lasse es gut Farbe nehmen. Dann gieße die Coulisbrühe dazu sowie zwei Gläser voll Champagner oder Weißwein und lasse alles zusammen kochen. Wenn das Fleisch gar ist, wird es entfernt und der Coulis durchgeseiht. Dieser Coulis ist passend für alle Sorten von Ragouts sowie über Geflügel, oder um Pasteten oder Terrinen aufzufüllen."

Die Verschwendung des Materials wird erst besonders deutlich, wenn man liest, daß diese Zubereitung zu einem Essen für 12 Personen gehört.

Diese Coulis waren aber noch nicht die eigentlichen Saucen, sondern mehr oder weniger eine Emulsion oder Brei, aus denen sich später die mit einem Roux hergestellte Grundsauce entwickelte. Die mit Roux gebundenen Coulis waren das Vorbild der „Sauce Tournée", die Antoine Carême in seinem Buch „L'art de la cuisine au XIXe siècle" wie folgt beschreibt: „Um ein Essen mit vier Entrées herzustellen, nehme man eine Kalbsnuß, etwas mageren Schinken und eine Henne. Alles Fleisch wird in kleine Stücke geschnitten, in einem halben Pfund Butter, unter Zugabe von zwei Zwiebeln, zwei Karotten sowie frischen Champignons, alles in Scheiben geschnitten, leicht angebraten. An Gewürz nehme man ein Bouquet garni, Lorbeer, Thymian, zwei Nelken und etwas geriebene Muskatnuß. Das Fleisch, nachdem es angebraten wurde, wird mit drei großen Löffeln voll Mehl bestäubt, noch einige Minuten auf dem Feuer gerührt und dann mit Fleischbrühe befeuchtet. Wenn das Fleisch gekocht ist, wird die Sauce unter Druck durch das Etamin passiert."

Wie kein anderer, weder vor noch nach ihm, hat Carême die Herstellung der Saucen beschrieben, er war der erste, welcher die großen und die kleinen Saucen systematisch behandelte und versuchte, eine gewisse Ordnung in ein unendliches Chaos von Saucen zu bringen. Auch wenn er die Fonds mit einer heute zum Ruin führenden Verschwendung zubereitete, so folgte er nur dem Zug der Zeit oder den Traditionen seiner Vorgänger. Im Gebrauch von Gewürzen hingegen, welche er auf ein Minimum beschränkte, konnte man so recht Carêmes Übergang von der alten Schule bemerken. Mit der Einführung seiner Grundsaucen, der „Grande sauce espagnole", der „Velouté", Béchamel, Sauce allemande und wie sie sonst alle benannt waren, stellte er Thesen und Lehrsätze auf, die eine enorme Reform der Küche zur Folge hatten.

So hatte Carême vier Grundsaucen. Zu diesen vier gebrauchte er noch eine besondere weiße Sauce, die auch heute noch als „englische Buttersauce" bekannt ist. Carême verfertigte nicht weniger als 24 Saucen von dieser „Grande sauce au beurre", indem er verschiedene Beigaben zufügte, wie Kapern für Kapernsauce, gestoßenen Sauerampfer, Sardellenbutter für Sardellensauce und so weiter. Auf diese Art konnte er mit Leichtigkeit seine Rezepturen bis ins Unendliche vermehren.

Mit einigen Ausnahmen folgten die späteren Fachschriftsteller den Lehrsätzen Carêmes, die natürlich den Zeiten gemäß abgeändert oder modifiziert waren. Das Unvollkommene der Vergangenheit wich einer schlichten, ungekünstelten und leicht verständlichen Natürlichkeit. Auch Escoffier schreibt später in seinem Kochkunstführer, wie unsere modernen Saucen allmählich entstanden und gebraucht wurden, von der „Sauce espagnole" hielt er nur sehr wenig und fragte, was eigentlich der wirkliche Daseinsgrund dieser Sauce ist. Danach werden sicher in Zukunft noch manche denkende Köche fragen.

Mit der Entwicklung der Saucen und mit dem Fortschritt der Eßkultur sind wir heute auf dem Standpunkt angelangt, an dem wir anerkennen müssen, daß das Einfachste das Beste und das Vollkommenste ist.

Diese Auffassung hatten maßgebliche Köche und Gastrosophen schon vor hundert Jahren und früher. Was werden wohl unsere Nachkommen in hundert Jahren über den heutigen Stand der Kochkunst zu sagen haben?

UND DER HEUTIGE STAND?

Der heutige Weg zum garantierten Erfolg bei der Zubereitung der Saucen führt deshalb nicht allein über reichliche Zutaten. Wenn im Grunde auch das Material gleichgeblieben ist, so ist die Zusammensetzung der jetzt gültigen Saucen gewissen ökonomischen Erwägungen unterworfen, denen Rechnung getragen werden muß.

Das Talent und das geschmackliche Feingefühl eines Koches für seinen Beruf zeigt sich vor allem am deutlichsten bei der Herstellung der Saucen. Eine Vereinheitlichung des Saucengeschmacks für verschiedenartige Gerichte schadet stets dem Ruf einer guten Küche, selbst dann, wenn an der Sauce nichts zu bemängeln wäre. Die Saucen erfüllen nur dann ihren Zweck, wenn sie zur Geschmacksverbesserung der Speisen dienen und den Wohlgeschmack des Gerichtes, zu welchem sie gereicht werden, vervollkommnen und vollenden. Sie soll weiter die dazu gereichten Beilagen geschmacklich abrunden und ergänzen, aber nicht übertönen. Die Betonung und Beachtung sowie das Herausholen der höchsten geschmacklichen Merkmale und Vollkommenheiten der jeweiligen Saucen macht ihre Zubereitung zu einer der schwierigsten Arbeiten im Kochberuf. Nicht ohne Grund ist der Saucenposten eine der wichtigsten Partien der Küche. Eine weitere Voraussetzung für diesen Posten ist in erster Linie: beste Fachkenntnisse und Erfahrung sowie die Notwendigkeit, daß mit größter Überlegung und Sorgfalt an die Bereitung der Saucen herangegangen wird. Somit ist der Saucier eine Grundstütze jeder Küche. Setzt man die sorgfältigste, reinlichste Zubereitung sowie die besten Zutaten voraus, so macht er jedes Gericht, sei es nun Fisch, Fleisch, Geflügel, Wild oder die verschiedensten Ragouts oder Salmis, zu einem kulinarischen Erlebnis. Seine Leistung liegt nicht im Dekorativen, sondern vollkommen im Geschmacklichen begründet.

Wie wichtig die Position des Sauciers in unseren Küchen ist, erkennt man auch an der Stellung, die er auf der Stufenleiter der Köche einnimmt. Der Chefsaucier kommt gleich nach dem Küchenchef, dessen Stellvertreter er ist; und der Aufstieg zur Position des Küchenchefs erfolgt über diejenige des Saucenkochs.

Die Saucen stellen die Grundlagen einer guten Küche dar. Aus diesem Grunde spielen der sorgfältig angesetzte und gepflegte Fond und Brühen eine entscheidende Rolle. Die meisten braunen Saucen sind von der Demiglace abgeleitet, die eine Verfeinerung der früheren Espagnole darstellt und einen Roux sowie die Grande Jus als Entstehungsgrundlage hat. Sie hat sich in früheren Generationen der Hotel- und Restaurationsküchen bewährt und hat vielfach auch jetzt noch ihre Daseinsberechtigung, besonders dort, wo es sich um das vollkommene Decken eines geschmorten oder gedünsteten Fleischgerichtes handelt. Ansonsten ist sie nicht mehr so aktuell und wird heute von einem großen Teil der verantwortlichen Küchenmeister als überholt und überlebt angesehen. Der modernen Auffassung entsprechend ist der gebundenen Kalbsjus, an Stelle der Espagnole, der gebührende Platz gegeben worden.

In der heutigen Praxis werden die Zubereitungsvorschriften unserer Vorgänger recht vereinfacht praktiziert. Auch wenn die neueren Rezepturen in der Fertigung recht unterschiedlich und verschiedenartig sind, so führen sie doch zu demselben, in vielen Fällen sogar zu einem erfolgreicheren Resultat. Es muß doch heute selbstverständlich sein, daß einfachere, zeitgemäßere, leichtere und bessere Wege zur Saucenherstellung gesucht und gefunden werden, die außerdem noch den ernährungswissenschaftlichen Erkenntnissen gerechter werden. Dabei müßten neue Rezepturen genauso wie die alten den Stempel der durchdachten Praxis tragen, Klarheit im Werdegang, in der Methode und in der Durchführung erkennen lassen. So wird die gutgeführte Küche stets eine braune Kraftsauce, eine gebundene Kalbsjus, eine weiße Grundsauce, eine Weißweinsauce für Fisch sowie eine Béchamelsauce bereithalten, da diese Saucen unentbehrliche, zeit- und geldsparende, ja kochtechnische Hilfsmittel, insbesondere bei der Herstellung von A-la-minute-Gerichten, sind.

Die geradezu schauderhafte und barbarische Bezeichnung „Tunke", die sich zum Teil in vielen Rezepturen und Speisekarten eingebürgert hat, ist fast ungebräuchlich geworden und wird nur noch selten angewendet. Die plattdeutsche „Stippe" ist ebenfalls nur noch vereinzelt im norddeutschen Raum zu finden und wird fast nur für zwei in den nördlichen Gegenden übliche einfache Saucen, der „Speck-und-Zwiebelstippe" und der sogenannten „Schusterstippe", angewendet.

In den meisten Betrieben, gleich welcher Größenordnung und gleich, ob luxuriös oder einfach, ist die ständige Haltung einer braunen Brühe ein wichtiger Faktor. Diese Brühe bildet heute mehr denn je die Grundlage für die Mehrzahl der braunen Saucen und wird zum An- und Aufgießen vieler brauner Fleischgerichte sowie gelegentlich bei der Herstellung der Bratensäfte verwendet.

Zum Unterschied von früher darf diese braune Brühe aber nicht bereits eine Menge der Herstellungskosten erfordern, sondern muß sich aus dem Betrieb des Saucenpostens heraus ohne Extrakosten entwickeln. Im Laufe des Tages fällt vieles an, was Kraft und Geschmack beinhaltet. In einem gleichlaufenden Küchenbetrieb gibt es ständig Knochen, Parüren, Speckschwarten oder sonstige nicht voll ausgenützte Bestandteile, die im einzelnen unbedeutend sind, bei der sinnvollen Verwertung aber für braune oder weiße Brühen sowie die verschiedenen Fonds eine Kostbarkeit bedeuten. Da die zur Verwendung kommenden Brühen, gleichgültig ob weiß oder braun, stets kräftig sein sollen, muß man sie schon einige Stunden kochen. Man wird sie aber so kurz wie möglich halten, denn kurze Fonds bedeuten kräftige Saucen.

Die braune Kraftsauce, wie sie im nachfolgenden benannt werden soll, ist die Grundlage der unendlich vielen weiteren Saucen, die man in verhältnismäßig einfachen Arbeitsgängen davon ableiten kann, wobei man aber nicht auf die vorgesehenen Feinheiten verzichten sollte.

Man muß sich allerdings dabei bewußt sein, daß es sich heute kein Betrieb mehr leisten kann, bei der Herstellung von brauner Kraftsauce reine Butter, zerhackte Kalbshaxen, Schinken- oder Speckstücke zu verwenden. Schinken, Speck, Rauchfleisch, Pilze und dergleichen werden besser und vor allem rationeller zu den Ableitungen, die später in einem Schema aufgezeigt sind, in Streifen oder Würfel geschnitten und als Einlage verwendet. Die sich hieraus entwickelnden verschiedenartigsten Geschmackseffekte sind wesentlich intensiver, als wenn sie einen stundenlangen Kochprozeß überstanden hätten. Der heute doch am häufigsten eingeschlagene Weg zur Grund- oder Kraftsaucenzubereitung ist doch wohl folgender: Man röstet feingehackte Kalbs- und Schwineknochen, Flachsen, Schinken- und Speckschwarten mit Schweine- oder Kalbsfett an. Dazu gibt man Zwiebel- und Karottenwürfel und zum Schluß gutes, säurearmes Tomatenmark und röstet bis zur gewünschten Farbe weiter. Nun löscht man mit etwas braunem Fond ab, läßt das Ganze kochen und glaciert auf diese Weise den Ansatz einige Male zurück. Beim letzten Gang löscht man mit Rot- oder Weißwein ab, die je nach Verwendung eine liebliche oder herbere Geschmacksnote bewirken. Mit Mehl angestaubt und mit kräftiger brauner Brühe aufgefüllt, läßt man nun alles zu einer leichten Bindung kochen. Ist die Sauce nur schwach gebunden, so kocht sie schneller und besser aus, die Gefahr des Ansetzens ist um ein Wesentliches gemindert. Nach dem Auskochen und Passieren dickt sie auch sicherlich noch nach, sollte die Dicke und Bindung aber dennoch nicht befriedigen, so könnte vor dem Passieren mit etwas Mehlbutter oder einer Spur Instantmehl nachgeholfen werden. Dieser Vorgang ist, fachmännisch betrachtet, durchaus vertretbar.

Wenn man von Binden spricht, so heißt das, eine Flüssigkeit mit Mehl, Butter, Rahm oder Eigelb verdicken. Es ist mehr oder weniger ein chemischer Vorgang, aber auch in der Form von Mehlschwitze ein einfaches und manchmal unentbehrliches Kochverfahren. Beim Binden mit Mehl schwellen die Stärketeile, die Sauce wird dicker. Beim Binden mit Rahm, der außerdem den Geschmack hebt, entsteht das Verdicken durch das Einkochen. Das Binden mit Eigelb schließlich setzt die Sachkenntnis voraus, daß man zunächst das Eigelb mit etwas Weißwein oder Rahm verrührt und der kochenden Sauce beigibt. Selbstverständlich darf sie nun nicht mehr weiterkochen, das Eigelb würde gerinnen, und statt eine Bindung zu erzielen, würde sich die Mischung scheiden. Bei jeglicher Art der Bindung sollten die Saucen, das gleiche gilt sinngemäß für gebundene Suppen, gut durchgeschlagen werden. Dieser Vorgang bewirkt das Entstehen einer festen Mischung, die das Aroma oder die Milde der Sauce erhöht und günstig beeinflußt.

Im ganzen gesehen stellt die hier beschriebene Methode eine Vereinfachung der Demiglace dar, die aber bei richtiger Handhabung zu einem besseren Ergebnis führt. Zumindest spart man, neben dem materiellen Vorteil, doch wesentlich mehr an Mühe, Zeit und ein Vielzahl von Handgriffen. Alle diese Dinge setzen aber auch ein wenig Talent voraus. Auf dem Gebiet der Saucen ist strengste Orthodoxie vonnöten, zu reichlich bemessene Mehlzutaten können strafbare Ketzereien sein, ja oft kommt es nur auf die Koch-

Heutiger Stand

zeit, Temperatur, auf genaue Abmessungen der Flüssigkeit und die exakte Bestimmung der Zutaten an. Alles Dinge, die sich sehr simpel anhören, die aber eine Unmenge von gefährlichen Fußangeln bergen, über die man leicht stolpern kann.

Das Würzen der Saucen ist sehr vielseitig und recht oft auch regional bedingt. In den meisten Fällen sind es jedoch weiße oder schwarze Pfefferkörner, Paprika, Knoblauch, Zwiebeln, Lorbeerblatt, Nelken und Basilikum, die zur Verwendung kommen. Knoblauch und Trockengewürze wie Majoran, Thymian, Kümmel, Rosmarin und sonstige erlesene Gewürzmischungen sollte man aber nicht schon beim Röstprozeß zusetzen, sondern erst beim letzten Herunterglacieren mit Wein, damit das leicht flüchtige Aroma weitestgehend erhalten bleibt. Die Gewürzzugabe wird sich in der Hauptsache nach der Farbe der Sauce richten, das heißt, bei braunen Saucen behaupten die starken, pikanten und bei weißen oder hellen Saucen die milderen Gewürze das Feld. Neben dem bekannten Gulyasgewürz, das aus feingehacktem Kümmel, Knoblauch und dünngeschälter Zitrone besteht, sollen in diesem Zusammenhang noch zwei Gewürzmischungen erwähnt sein, die man mit geringer Mühe selbst herstellen kann und die namentlich bei braunen Ragoutsaucen zu verwenden sind. Zu dieser Kräutermischung trocknet man gleiche Mengen Estragon, Thymian, Zitronenmelisse, Pfefferkraut sowie eine etwas kleinere Menge Basilikum, Salbei und Lorbeerblatt im lauwarmen Rohr oder im Wärmeschrank und reibt das Ganze durch ein feinmaschiges Drahtsieb. Ein weiteres Würzpulver bereitet man, indem man die Schale von zwei Zitronen und zwei Orangen abreibt, 200 Gramm dünngeschnittene Steinpilze und ebensoviel geschnittene Champignons, 25 Gramm feingestoßenen, schwarzen Pfeffer, einen gestrichenen Mokkalöffel Muskatblüte, 20 Gramm Knoblauchsalz sowie eine Prise Cayennepfeffer dazugibt und dies alles zusammen langsam im mäßig warmen Wärmeschrank trocknet. Ist dies erreicht, zerkleinert man das Ganze in einem Mixer oder Kutter, um es im Anschluß daran durch ein feines Sieb zu geben. Beide Würzmischungen sind in einem verschlossenen Gefäß und gut trocken aufzubewahren und gestatten in dieser Form einen besser zu dosierenden Gebrauch. Solange es allerdings unterschiedliche Gewürzqualitäten gibt, so lange kann man sich auf eine grammweise Rezeptierung nicht immer verlassen. Die Dosierung von Gewürzen wird sich immer im Sinne des guten Geschmacks vollziehen müssen, wobei man eher nach einer maßvollen Würzung als nach einem übertriebenen Gebrauch der Ingredienzen tendieren sollte. Hierneben gibt es außerdem noch Grundsätze, die man nicht ungestraft übersehen sollte. So zum Beispiel beim „Anschwitzen" der Mehlschwitze oder des Roux, die, nach verschiedenen Graden abgestuft, die Grundlage der Bindung für weiße, blonde oder braune Sauce bildet. Das Mehl verändert seine Aromastoffe und gibt der Sauce bei richtiger Behandlung den Wohlgeschmack in Verbindung mit der dazugehörigen Brühe. Jede Fleisch-, Fisch- oder Gemüsebrühe, jede Knochenbrühe von Wild und Geflügel bringt neben der notwendigen Flüssigkeit auch das „Bukett" und die Kraft in die Sauce, die dadurch mit dem Geschmack des Gerichtes zu einem harmonischen Ganzen wird.

Was die Farbe der braunen Sauce betrifft, so ist die durch das Braten und Rösten erzielte Farbe die maßgebende. Tunlichst sollte man vermeiden, durch gelegentliches Nachfärben mit Zuckerkulör (gebranntem Zucker) möglicherweise das ureigene Aroma und den Geschmack der Sauce negativ zu beeinträchtigen oder gar zu zerstören.

Die Möglichkeiten, aus der braunen Grundsauce andere Saucen abzuleiten, wurden schon gestreift und sind bekanntlich vielseitiger Art. Diese Ableitungen sollten in jedem Falle ihrem Namen entsprechen, ganz gleich, ob sie in französischer, englischer oder deutscher Sprache auf der Speisekarte erscheinen. Wo die Rezeptur als Einlage Pilze, Zwiebeln, Gemüsejulienne, Gurken, Kapern, Schinken, Zunge oder alle Arten gehackter oder gezupfter Kräuter vorschreibt, sollte nicht zu sparsam damit umgegangen werden. Erstens geben diese Einlagen ihr volles Aroma an die Sauce ab, und zweitens spricht eine üppige Einlage den Gast mehr an, als wenn nur einige kümmerliche Streifen oder Blättchen auszumachen sind. Natürlich dämpft man all diese Ingredienzen in Butter oder neutralem Öl an und läßt sie dann, zur weitestgehenden Erhaltung der Geruchs- und Geschmackstoffe, mit der Sauce einmal aufkochen. Sinngemäß gilt dasselbe für die alkoholischen Aromaten wie Rot-, Weiß- oder Südwein, Weinbrand, Sherry, Pernod und dergleichen, alle diese Beigaben vertragen nur ein kurzes Verkochen mit der Sauce, wenn sie zum optimalen Ergebnis führen soll.

Einer ungeheuer großen Zahl von fetten, mageren, hellen, dunklen, weißen, farbigen, milden, pikanten oder scharfen Saucen steht auch eine Anzahl der süßen, zu Desserts, Mehl- und Eierspeisen passenden Saucen gegenüber. Ebenso muß man in den Saucenbereich auch die mannigfaltigsten Buttermischungen mit einbeziehen, da diese ja, gerade bei den Grillgerichten, anstelle der Sauce gereicht werden. In Anbetracht dieser uns bekannten Saucenherrlichkeit öffnet sich hier für den ernsthaft bestrebten und für seinen Beruf begeisterten Koch ein weites Betätigungsfeld. Er wird immer bestrebt sein, der betreffenden Sauce durch sorgfältige Behandlung den ihr eigenen individuellen Geschmack zu bewahren. Die korrekte Zubereitung aller Saucen ist das Kriterium jeder Küche, sie erfordert gleichermaßen die Feinheit der Hand, Geschmack, Genauigkeit bei der Auswahl der Zutaten sowie Verständnis für kulinarische Dinge, ohne die keine gepflegte Küche denkbar ist.

Für Saucen, die im Bereich der kalten Küche zur Anwendung kommen, gelten andere Kriterien, sie sind aber in ihrer Verschiedenheit so zahlreich, daß wir innerhalb eines Saucenbuches nicht umhin können, sie auch zu behandeln. Die gleiche Berechtigung haben aber auch die unendlich vielen, in Flaschen oder entsprechenden Behältern gehandelten kalten Vorratssaucen, die sich zudem bei ausländischen Gästen, besonders bei Engländern und Amerikanern, größter Beliebtheit erfreuen. Da diese auch zu einem großen Teil in der warmen Küche zur Verwendung kommen, hier sei an die Worcestershire-, Austern-, Harvey-, Trüffel- und Sojasauce sowie an die Anchovis- und Shrimpssauce und dergleichen erinnert, sollen die weltweit bekanntesten auch innerhalb dieses Buches vorgestellt werden.

Diese käuflichen Saucen bestehen im allgemeinen aus Pflanzen- und Gewürzextrakten, denen man vielfach Reduktionen von Fisch und sonstigem Fleisch, Zuckerkulör und Bindemittel zusetzt. Zu ihrer Herstellung finden Verwendung: Tomaten, Knoblauch, Soja, Schalotten, Sauerampfer, Champignons, Walnüsse, Trauben, Tamarinden, Kümmel, Estragonblätter, Kerbel, Minze, Thymian, Majoran; die Gewürze: Pfeffer (schwarzer, grüner und Cayenne), Senf, Curry, Muskat, Gewürznelken, Ingwer; von Fischen: Garnelen, Krebse, Anchovis, Hummer, Thunfisch, Austern, Muscheln und dergleichen. Da diese Saucen zu den verschiedensten Spezialgerichten mehr und mehr Eingang gefunden haben und oft genug unerläßliche Zutaten zu eben solchen Gerichten sind, müssen sie selbstverständlich Erwähnung finden. Auch sind die verschiedensten Hilfsmittel zu erwähnen, die es für die Saucenherstellung in Pasten- oder Pulverform gibt. Es ist kaum zu befürchten, daß diese Convenience-Produkte den erfindungsreichen Saucenköchen Konkurrenz machen, denn demjenigen, der damit arbeitet, bleibt es vorbehalten, eine Sauce nach seinem Geschmack abzuwandeln, einzukochen, abzuschmecken, um dem Gast zu einem vollendeten Essen auch eine vollendete Sauce zu präsentieren. Solange diese erwähnten Produkte nicht ganz und gar zum vorherrschenden Faktor bei der Saucenzubereitung werden, sondern zur Unterstützung und Vereinfachung der sonst zeitraubenden Arbeitsgänge eingesetzt werden, sind sie recht wertvoll, und sicher wäre es auch vermessen, wenn man ihre Existenz als Hilfsmittel verleugnen wollte, dessen muß sich auch der moderne Koch bewußt sein.

GRUNDBRÜHEN UND GRUNDSAUCEN

Brauner Fond, klarer Bratensaft, gebundener Bratensaft, Wildfond, weißer oder Kalbsfond, Geflügel-, Fischfond und Fleischglace sind die Stationen, die zu den gebräuchlichsten Grundsaucen führen. Die Grundsaucen wiederum, die für die Kochkunst die gleiche Bedeutung haben wie die Grammatik für unsere Sprache (so wurde es uns in unserer Ausbildungszeit gelehrt), sind die Basis für die Ableitung verschiedenster Arten, die durch die mannigfachsten Zutaten in ihrem Geschmack und Gehalt verändert werden können. In der Küche unterscheidet man zunächst die Grundfonds wie folgt:

a) einfacher Suppenfond
b) weißer oder heller Kalbsfond
c) weißer Geflügelfond
d) weißer Fischfond
e) eingekochter Fischfond
f) brauner Fond
g) brauner Kalbsfond oder Kalbsjus
h) gebundener Kalbsfond
i) brauner Wildfond
k) eingedickter Fleischsaft – Fleischglace

Weißer oder Kalbsfond
Für die Bereitung des weißen Fonds, der im ähnlichen Verhältnis wie der braune Fond anzusetzen ist, finden nur Kalbs- und Geflügelknochen sowie Kalbs- und Geflügelparüren Verwendung. Hier entfällt

auch das Anrösten von Knochen und Gemüsen und beschränkt sich nur auf das langsame Auskochen der Brühe. Dafür benötigt sie eine reichlichere Beigabe von Gemüsen wie Lauch, Petersilienwurzeln, Karotten, Zwiebeln und Sellerie sowie ein bis zwei Lorbeerblätter, Salz und einige zerdrückte Pfefferkörner. Dieser Fond ist dann in zwei bis drei Stunden auszukochen, wobei man das öftere Abschäumen nicht vergessen sollte, zu entfetten und durch ein Tuch zu passieren.

Geflügelfond
Geflügelparüren, Flügelspitzen sowie die rohen Geflügelkarkassen und alles erreichbare Geflügelklein wird kleingehackt und je nach späterem Verwendungszweck des Fonds entweder in wenig Butter braun geröstet oder nur kurz hell angeschwitzt. Mit Hühnersowie etwas heller Kalbsbrühe auffüllen, den Fond etwa zwei Stunden kochen lassen, um ihn dann zu entfetten und zu passieren. Je kürzer dieser Fond gehalten werden kann, desto intensiver wird er im Geschmack sein, was sich verständlicherweise bei der späteren Zubereitung von weißen oder braunen Geflügelsaucen zu einem Vorteil auswirkt.

Brauner Fond
Um 15 Liter braunen Fond zu erhalten, läßt man etwa 12 kg kleingehackte Kalbs- und Rinderknochen sowie kleingehackte Schinkenschwarten und -knochen und ebenso zerkleinerte Kalbs- und Rinderflechsen zur schönen Farbe anrösten. In einem gesonderten Geschirr röstet man je ein Kilogramm in große Würfel geschnittene Zwiebeln und Karotten an, gibt sie zu den Knochen und läßt alles zusammen noch eine Viertelstunde angehen. Nach dieser Zeit garniert man den Ansatz mit einem Gewürzbukett sowie einigen zerdrückten reifen Tomaten und füllt das Ganze mit etwa 20 Liter Wasser auf. Dieser so angesetzte Fond soll nun sechs bis acht Stunden langsam kochen, wobei man ihn von Zeit zu Zeit abschäumt und gegebenenfalls noch etwas Wasser nachfüllt. Nach dieser Zeit passiert man den Fond durch ein Tuch und entfettet ihn gut.

Brauner Kalbsfond oder Kalbsjus
Karotten, Zwiebeln und frischen Knollensellerie schneidet man in nicht zu grobe Würfel und läßt sie unter Beigabe von Lorbeerblatt, Thymian, einer kleinen Knoblauchzehe sowie Petersilienwurzeln oder -stengeln in ausgelassenem Kalbsfett hellbraun angehen. Zwischenzeitlich hat man die zur Verwendung kommenden Kalbsknochen mit Kalbsflechsen kleingehackt und im heißen Rohr zur

schönen Farbe geröstet. Beide Komponenten gibt man nun zusammen, rührt einen kleinen Teil Tomatenmark dazu und füllt den Ansatz mit wenig Wasser auf. Beim anschließenden Einkochen entsteht wiederum ein Bodensatz, der einige Male zu deglacieren ist. Das heißt, man füllt den Ansatz immer dann mit wenig Wasser auf, wenn der Fond bis fast zur Konsistenz einer Glace heruntergekocht ist. Diesen Vorgang wiederholt man einige Mal, um dann die letzte Deglaçage mit so viel Wasser aufzufüllen, bis alles gut bedeckt ist. Unter Beigabe von etwas Salz und einigen zerdrückten Pfefferkörnern läßt man diesen Fond vier bis fünf Stunden langsam kochen, um ihn im Anschluß daran durch ein Tuch zu passieren und beiseite zu stellen.

Gebundener Kalbsfond
Der geschmacktragende Ausgangspunkt ist immer der vorstehend beschriebene Kalbsfond, mit dem, nachdem er um 1/3 seiner Menge eingekocht wurde, der Bratensatz eines beliebigen Fleisches abgelöscht wird. Gut verkocht, bindet man ihn leicht mit Weizenpuder oder Arrowroot und passiert das Ganze durch ein Tuch. Durch diese Zubereitungsart erhält man die zum Braten passende leichte Sauce, die weitgehend die früher übliche Sauce espagnole ersetzt. Auf jeden Fall, und das ist der wichtigste Faktor, ist sie weit besser auf den Geschmack des Fleischstückes abgestimmt als diese.

Wildfond
Parüren und Abfälle sowie die Knochen von frischem Hirsch- oder Rehwild, gelegentlich auch die Flügelspitzen und Hälse des einschlägigen Wildgeflügels, werden recht klein gehackt und mit wenig Fett im heißen Rohr angeröstet. Zwischenzeitlich läßt man in einem anderen Geschirr würfelig geschnittenes Wurzelwerk wie Karotten, Zwiebeln, Pastinaken und Sellerie in Butter angehen, gibt die angerösteten Knochen dazu, bedeckt das Ganze mit einem Deckel und läßt es so lange dünsten, bis sich der so entstandene Fond am Geschirrboden braun ansetzt. Diesen Satz deglaciert man nun mit etwas Rotwein, läßt ihn ein wenig herunterkochen, um dann das Wasser nachzufüllen. Diese Flüssigkeit wird noch einmal degIaciert und dann mit so viel Wasser oder Nachbouillon aufgefüllt, daß die Knochen gut bedeckt sind. Das Ganze ist nun auf nicht zu starkem Feuer gut drei Stunden zu kochen, gut auszuschäumen und im Anschluß daran zu passieren und zu entfetten.

Eingedickter Fleischsaft – Fleischglace

Dieser entsteht durch das Einkochen von salzfreiem und geschmacklich reinem braunem Fond. Letzteres ist für die Güte der Glace, die ja die Aufgabe hat, schwachen Saucen einen besseren Gehalt zu geben, besonders wichtig. Die entfettete Brühe wird zunächst bis zur Hälfte eingekocht, wobei sie laufend weiter zu entfetten ist, und durch ein Tuch in ein anderes Geschirr passiert.

Nun bringt man den Fond wieder zum Kochen und läßt ihn am Herdrand recht langsam reduzieren. Immer wieder abschäumen und entfetten; dann passiert man den nun schon dicker laufenden Fond noch einmal. Je mehr sich der ursprüngliche Fond reduziert, desto langsamer läßt man ihn kochen, bis er schließlich den richtigen Festigkeitsgrad erreicht hat. Die so erhaltene Fleischglace wird in entsprechende Gefäße gefüllt und im Kühlraum vorrätig gehalten.

Herstellung der weißen Grundsauce

Für fünf Liter Sauce bereitet man eine weiße Mehlschwitze (Roux blanc) von 300 Gramm Butter und gießt diese, unter stetigem Rühren, mit fünf Liter weißem Kalbs- oder Geflügelfond auf. Damit erhält man eine weiße Samtsauce (Velouté), die gut durchgekocht, abgeschmeckt und durch ein Tuch passiert wird. Legiert man diese Sauce mit Sahne, Weißwein und Eigelb, dann ist sie eine fertige Grundsauce, deren Ableitungen durch den Charakter und Geschmack des verwendeten Fonds und der beigegebenen Zutaten bestimmt wird. Zur Übersicht gilt folgende vereinfachte Regel:

Mehlschwitze + Kalbsfond = Kalbssamtsauce + Liaison = deutsche Sauce

Mehlschwitze + Geflügelfond = Geflügelsamtsauce + Liaison = Geflügelrahmsauce

Mehlschwitze + Fischfond = Fischsamtsauce + Liaison = Fischrahmsauce.

Zu dieser Gruppe ist auch die Béchamelsauce zu rechnen, die ja praktisch in ihrer Art auch als eine Grundsauce angesehen werden kann.

Die aus dem vorgegebenen Fond hergestellten Saucen bezeichnet man als
a) weiße Grundsaucen
b) braune Grundsaucen
c) weiße und braune Fischgrundsaucen
d) Wildgrundsaucen

Grundbrühen/Grundsaucen

Hinzu kommen die verschiedenen aufgeschlagenen Saucen, Buttersaucen, kalte Grundsaucen, warme und kalte Saucen für die Süßspeisenküche sowie die mannigfachen Buttermischungen, die zwar keine Saucen im üblichen Sinne darstellen, in jedem Falle aber dieser Rubrik beigeordnet werden müssen.
Die in dieser Saucenfibel aufgeführten, mehr oder weniger bekannten Bezeichnungen und ihre Abwandlungen – außer den Spezialsaucen – sind alle von der klassischen Küche inspiriert und sollten deshalb auch bei ihrer Anwendung den entsprechenden Erwartungen genügen.

Béchamelsauce
Eine weiße Schwitze, die man von 300 Gramm Butter und zirka 400 Gramm Mehl herstellt, wird mit fünf Liter heißer Milch aufgefüllt und unter Rühren langsam zum Kochen gebracht. An Gewürzen gibt man ein wenig Thymian, Muskat, weißen Pfeffer, Salz und einige Zwiebelscheiben daran und läßt die Sauce etwa eine gute Stunde lang auskochen. Danach ist sie durch ein Tuch zu passieren und, mit einigen Butterflöckchen bedeckt, abzuräumen.

Braune Grundsauce von Kalbs- oder Wildfond
Kleingehackte Kalbs- oder Wildknochen werden mit einer kleinen Fettzugabe im heißen Ofen bei öfterem Umwenden schön braun geröstet. Auf drei Kilogramm der gewählten Knochen gibt man ein Kilogramm kleinwürfelig geschnittene Zwiebeln, 500 Gramm Karotten sowie Selleriewürfel und röstet sie so lange, bis sich ein brauner Bratensaft bildet und sich das Fett klärt. Dann wird mit Mehl gestaubt und mit einer Beigabe von Tomaten noch einige Minuten gut durchgeröstet. Den Ansatz löscht man dann mit Rotwein sowie braunem Kalbs- oder Wildfond ab und läßt das Ganze unter Zufügen von Lorbeerblatt, zerdrückten Pfefferkörnern (bei Wildsauce auch Wacholderbeeren), Thymian und Majoran zirka zwei bis drei Stunden langsam aus- und einkochen. Durch ein Tuch passieren. So erhält man die Grundsaucen (Wild oder Kalb) für die unendlich vielen Abwandlungen und Zubereitungsarten.

Tomaten-Grundsauce
Kleinwürfelig geschnittene Schinken- und Magerspeckreste und ebenso geschnittenes Wurzelwerk werden in heißem Fett zur schönen Farbe geröstet und mit weichen, geschnittenen sowie ausgedrückten Tomaten oder einer entsprechenden Menge Tomatenmark vermischt und eine kurze Zeit weitergeröstet. Das Ganze

wird nun mit Mehl gestaubt und mit hellem Kalbsfond aufgefüllt. Unter Beigabe eines Kräutersträußchens, einiger Pfefferkörner, von Salz, Zucker sowie etwas Knoblauch kocht man die Sauce eine gute Stunde auf mäßigem Feuer aus, um sie dann durch ein Tuch zu passieren.

FISCHSAUCEN

DIE BEHANDLUNGSWEISEN DER FISCHSAUCEN

Weiße Fischsaucen werden zu gekochtem, pochiertem, gedämpftem oder gratiniertem Fisch verwendet. Hier bereitet man von Fischabfällen zunächst einen kräftigen Fond, indem man dieselben mit Mirepoix in Butter angehen läßt, ohne daß sie Farbe nehmen, und dann mit je zur Hälfte Weißwein und Wasser auffüllt. Der Fond soll nur 20 Minuten kochen und ist dann zu passieren. Von diesem Fond setzt man mit Butter eine Velouté an, die zwar gut auskochen soll, aber nicht zu lange kochen darf, da sonst die Gefahr besteht, daß die Sauce grau wird oder auch oft tranig schmeckt. Die Sauce wird durch ein Tuch passiert, mit Salz, Cayennepfeffer sowie Zitronensaft abgeschmeckt und bei Gebrauch mit einer Liaison von Eigelb und Sahne versehen oder auch mit Sauce hollandaise montiert. Dieses ist die gebräuchlichste Art der weißen Fischsauce und zudem die Grundlage für die verschiedensten Abwandlungen.

Beim Herstellen der Velouté, und darauf sollte man größten Wert legen, ist besonders darauf zu achten, daß nur reiner und kräftiger Fond zur Verarbeitung kommt. Fischparüren und Gräten von Schellfisch, Goldbarsch, Kabeljau oder Schollen ergeben einen weniger geeigneten Fond, deshalb sind vom Geschmacklichen her Gräten und Abgänge von Zander, Hecht, Seezungen und Steinbutt vorzuziehen. Die letzteren ergeben stets einen einwandfreien Fond, der für eine gute Fischsauce absolut nötig ist.

Die Verarbeitung von Abgängen, Gräten sowie Köpfen von Aal, Karpfen oder Salm zu weißen Fischfonds ist nicht zu empfehlen, diese Sorten sollten nur bei braunem Fond und den daraus herzustellenden Saucen Verwendung finden.

Braune Fischsauce
In den überwiegenden Fällen der braunen Fischgerichte, die fast ausschließlich von geschmorten oder gebratenen Fischen hergestellt werden, wird man sich als Grundsauce der Genfer Sauce bedienen. Sie ist die Basis unzähliger Abwandlungen und Bezeichnungen, die den braunen Fischgerichten ihren Namen geben.

Genfer Sauce
Mirepoix von Zwiebeln, Karotten, Sellerie und Petersilienwurzeln röstet man in Butter goldgelb an, fügt zerhackte Gräten und Fischabfälle, wenn vorhanden, auch einen Salm- oder Karpfenkopf, sowie einige zerdrückte Pfefferkörner, ein Lorbeerblatt, Champignonabgänge, etwas Thymian und ein Stückchen Zitronenschale zu und läßt alles zusammen noch gut eine halbe Stunde angehen. Mit Mehl stauben, den Ansatz mit Rotwein auffüllen, das Ganze zur Hälfte einkochen lassen und dann einen braunen Fond oder, wenn vorhanden, eine braune Grundsauce hinzugeben. Unter Beigabe von einigen zerdrückten Tomaten, einer Spur Knoblauch sowie einem Kräutersträußchen läßt man die Sauce noch eine halbe Stunde kochen und passiert sie im Anschluß daran durch ein Tuch. Zum Schluß montiert man die Sauce mit Sardellenpaste sowie frischer Butter und schmeckt sie mit Cayennepfeffer und Zitronensaft ab.

WEISSE UND BRAUNE FISCHSAUCEN

Austern- oder Muschelsauce
Die angesetzte Fischvelouté ist mit Austern- oder Muschelfond einzukochen und nach dem Passieren mit Sahne, Weißwein und Eigelb zu legieren. Die Sauce wird mit Zitronensaft und Cayennepfeffer abgeschmeckt und mit einer Einlage von entbarteten Austern oder Muscheln sowie mit gehackter Petersilie fertiggemacht.

Fenchelsauce
In der Fischvelouté läßt man eine gute Menge Fenchelstiele auskochen, passiert sie und bindet sie mit der Liaison von Sahne und Eigelb. Zwischenzeitlich hat man kleine Fenchelwürfel in Butter und wenig Weißwein weich gedünstet und mit dem Fond fast eingekocht. Diese gibt man, nebst dem gehackten Fenchelgrün, in die bereitgehaltene Sauce.

Fischsaucen 31

Weißweinsauce I
Der Ansatz einer Fischvelouté wird mit Weißwein und Fischfond aufgefüllt, gut ausgekocht und durch ein Tuch passiert. Die Sauce wird mit Eigelb, Sahne und Weißwein legiert und zum Schluß mit Zitronensaft geschärft.

Curry-Fischsauce
Eine legierte und mit Butter aufgezogene Fischvelouté wird zum Schluß mit Currypaste vollendet und mit winzigen Apfelwürfelchen, die in etwas Butter und Weißwein angedämpft wurden, unterzogen.

Stachelbeersauce
Frische grüne Stachelbeeren werden mit wenig Weißwein und Wasser weich gekocht, durch ein Sieb gestrichen und der fertig montierten Buttersauce unterzogen.

Admiralsauce
Eine Fischvelouté wird nach dem Passieren mit Sahne und Eigelb legiert und mit frischer Butter aufgeschlagen. Vollendet wird sie mit einer Beigabe von gedünsteten Zwiebelwürfeln, Kapern sowie Sardellenpaste.

Griechische Sauce
Die wie vorstehend legierte und mit Butter aufgeschlagene Fisch-Samtsauce ist mit einer Spur Knoblauch sowie mit Cayennepfeffer abzuschmecken und mit einer Einlage von im eigenen Saft gedünstetem, grobgehacktem Sauerampfer zu versehen.

Morgenrotsauce
Die legierte Fischvelouté wird mit Hummerbutter aufgeschlagen und hat eine Einlage von Hummer- und Champignonwürfelchen.

Bahamasauce
Die vorstehende Sauce ist zusätzlich noch mit gedünsteten Zwiebelwürfeln sowie mit Würfeln von grünen und roten Pfefferschoten zu versehen.

Wiener Kapernsauce
Die mit Weißwein eingekochte Fischvelouté wird mit geriebener Zitronenschale versetzt und mit Eigelb und Sauerrahm legiert. Sie ist mit Zitronensaft abzuschmecken und mit in Butter angeschwitzten Kapern zu versehen.

Kardinalsauce
Eine mit Eigelb und Sahne legierte Fischvelouté ist mit Weinbrand sowie einer Spur Cayennepfeffer zu würzen und mit Hummer- oder Krebsbutter aufzuschlagen.

Moscovitesauce
Kleinkörniger Kaviar wird auf einem Sieb vorsichtig mit Milch abgespült und bei Bedarf sowie in entsprechender Menge unter die legierte und mit Butter aufgezogene Fischsauce gehoben.

Nantuasauce
Der Fond von in Weißwein gekochten Krebsen sowie die zerstoßenen Schalen werden mit weißer Sauce verkocht, durch ein Tuch passiert und mit Sahne und Krebsbutter aufgezogen. Je nach Verwendung und der preislichen Gestaltung des Gerichtes kann die Sauce mit halbierten und in Krebsbutter erwärmten Krebsschwänzen angereichert werden.

Neapolitanische Fischsauce
Die fertiglegierte Fischsauce erhält eine Einlage von halbierten Krevettenschwänzen, gedünsteten Zwiebelwürfelchen, kleingehackten Sardellen sowie Kapern und ist mit Muskatblüte, Zitronensaft, Cayennepfeffer und einer Spur Knoblauch abzuschmecken.

Zitronensauce
In einer von weißem Fischfond angesetzten Velouté läßt man ein Kräuterbündchen sowie dünn geschälte Zitronenschale langsam auskochen und passiert sie im Anschluß daran durch ein Tuch. Nach dem Legieren mit Sahne und Eigelb schmeckt man die Sauce mit Salz, einer Prise Zucker, weißem Pfeffer und reichlich Zitronensaft ab.

Newburgsauce
Feingestoßene Hummerschalen läßt man in Butter kurz angehen, flambiert sie mit Weinbrand und füllt das Ganze mit einem trockenen Sherry auf. Ist die Reduktion auf ein Drittel eingekocht, gibt man sie zu der mit Sahne verkochten Fischvelouté, kocht alles noch etwas ein und passiert sie durch ein Tuch. Zum Schluß wird die Sauce mit in Sherry verrührtem Eigelb legiert und mit einer Prise Cayennepfeffer gewürzt.

Fischsaucen

Normannische Sauce
Die Fischvelouté wird zusätzlich mit Muschel- und Champignonfond sowie mit gehackten Seezungengräten verkocht und beim Erreichen der gewünschten Konsistenz durch ein Tuch passiert. Die Sauce ist mit Eigelb und Sahne zu legieren und mit Butter und Zitronensaft zu vollenden.

Schaumweinsauce
Die mit Weißwein und kräftigem Fischfond ausgekochte Velouté wird passiert und mit in Sahne und Schaumwein verrührten Eigelben legiert. Die Sauce ist mit Krebsbutter aufzuschlagen und mit einer Spur Cayennepfeffer abzuschmecken.

Sardellen-Senfsauce
Feingeschnittene Zwiebeln werden in Butter angeschwitzt, mit Weißwein abgelöscht und bis zur Hälfte eingekocht. Dieses gibt man zu der mit Champignonabgängen verkochten Fischvelouté, die bis zur gewünschten Dicke eingekocht wird. Die Sauce wird durch ein Tuch passiert, mit Eigelb und Sahne legiert, mit Sardellenpaste sowie Senf abgeschmeckt und mit einigen Butterflocken aufgeschlagen.

Aufgeschlagene Weißweinsauce
Kräftiger heller Fischfond, etwas Fischglace sowie trockener Weißwein werden sirupartig eingekocht, mit etwas Sahne und Eigelben versetzt und mit der Beigabe von flüssiger Butter wie eine holländische Sauce aufgeschlagen.

Englische Fenchelsauce
In zerlassener Butter läßt man einige Zwiebelscheiben und Weizenmehl weiß schwitzen, füllt den Ansatz mit kaltem kräftigem Fischfond auf und bringt alles zum Kochen. Nach zwanzig Minuten ist die Sauce zu passieren und mit Butter aufzuschlagen. Sie wird mit Salz, weißem Pfeffer sowie mit Zitronensaft abgeschmeckt und ist mit gehacktem Fenchelgrün zu vervollständigen.

Jahreszeitsauce
Feine Streifchen von Mohrrüben und Sellerie, gezupfte Petersilie sowie Streifen von blanchierten Orangen- und Zitronenschalen werden in Butter und wenig Fischfond gedämpft und ohne Fond unter die aufgeschlagene Weißweinsauce gemischt.

Kapriziöse Sauce
Frisch gebrühte und geschälte Pistazien werden durch ein Sieb gestrichen und mit etwas Zitronensaft unter die aufgeschlagene Weißweinsauce gehoben.

Weißweinsauce II
Die vorstehende Sauce wird anstelle der Legierung mit Eigelben und Sahne mit einem Drittel ihrer Menge Béarner Sauce versetzt und erhält außerdem eine Einlage von gedämpften kleinen Tomatenwürfeln.

Champignonsauce
Die mit Sahne und Ei legierte Fischvelouté wird mit kleinen Champignonwürfeln, die mit grobgehackter Petersilie in Butter angeschwitzt wurden, vollendet.

Duglérésauce
Vorstehende Sauce erhält neben den Champignons noch eine Einlage von gedünsteten Zwiebel- und Tomatenwürfeln und wird mit Zitronensaft sowie einem Hauch Knoblauch und Cayennepfeffer abgeschmeckt.

Muschel-und-Shrimps-Sauce
Die mit Muschelfond verkochte Fischvelouté wird passiert sowie mit einer Liaison von Sahne, Sherry und Eigelb legiert. Die mit Zitronensaft und einer Prise Cayennepfeffer abgeschmeckte Sauce wird zum Schluß mit entbarteten Muscheln, gezupfter Petersilie und Shrimps fertiggemacht.

Bercysauce
Kleingeschnittene Petersilienwurzeln sowie Zwiebeln schwitzt man in Butter an und kocht sie mit Weißwein auf ein Drittel ihrer Menge ein. Diese Reduktion verkocht man mit Fischvelouté, die man nach dem Passieren mit Sahne legiert. Im Anschluß daran wird die Sauce mit frischer Butter aufgeschlagen und mit gehackter Petersilie fertiggemacht.

Estragonsauce
Abgezupfte Estragonblätter verkocht man mit der Fischvelouté, die gut einzukochen ist. Die Sauce ist dann zu passieren sowie zu legieren und mit Zitronensaft und frischen Butterflocken aufzuschlagen. Zum Gebrauch versieht man die Sauce mit recht grün gehaltenen, blanchierten Estragonblättern.

Fischsaucen

Gurken-Dill-Sauce
Die passierte Fischvelouté wird mit holländischer Sauce unterzogen und mit einer Einlage von gedünsteten Gurkenwürfeln sowie gehacktem Dill versehen.

Diplomatensauce
Eine fertiglegierte normannische Sauce wird anstelle der frischen Butter mit Hummerbutter aufgezogen und erhält eine Einlage von kleinen Trüffel- und Hummerwürfeln.

Fisch-Kräuter-Sauce
Die Reduktion von in Butter und Weißwein gekochten Zwiebeln wird mit der Fischvelouté verkocht, passiert und mit einer Liaison von Sahne und Eigelb gebunden. Vollendet wird die Sauce mit gehacktem Kerbel, Petersilie und Estragon.

Helenasauce
Feingeschnittene Zwiebel, Sellerie, Fenchelgrün, zerdrückte Korianderkörner und etwas Salbei dünstet man mit wenig Butter an, füllt mit Weißwein auf und kocht das Ganze bis zu einem Drittel ein. Diese Reduktion sowie frische Sahne gibt man zu der Fischvelouté und läßt alles langsam bis zur nötigen Konsistenz einkochen. Nach dem Passieren ist die Sauce mit Butterflocken aufzuschlagen.

Budapester Sauce
Feingeschnittene Zwiebelwürfel läßt man mit ebensolchen Magerspeckwürfeln hellgelb angehen, gibt etwas Paprika hinzu und füllt diese Mischung mit passierter Fischvelouté auf. Nach kurzer Kochzeit gibt man frische Sahne dazu und zieht die Sauce, die unpassiert bleibt, mit etwas Butter auf.

Reiche Sauce
Die fertigpassierte Fischvelouté wird mit einem Viertel ihrer Menge holländischer Sauce aufgeschlagen und mit in Butter angeschwenkten, halbierten kleinen Champignons, Krevetten, entbarteten Muscheln sowie gehackter Petersilie fertiggemacht.

Weiße Matelotesauce
Der Ansatz der Fischvelouté wird mit Champignon- oder Steinpilzabgängen sowie mit Weißwein eingekocht und durch ein Tuch passiert. Die Sauce ist mit Butter und Sahne fertigzumachen und mit kleinen glacierten Zwiebelchen sowie kleinen Champignonköpfen zu versehen.

BRAUNE FISCHSAUCEN

Amerikanische Sauce
Kleingeschnittenes Wurzelwerk sowie getrocknete und gestoßene Hummerschalen werden in Öl und Butter geröstet und mit Weinbrand flambiert. Mit einer Beigabe von Mehl und Tomatenmark röstet man das Ganze noch einige Minuten gut durch und füllt mit Madeira, Weißwein sowie Fischfond auf. Die Sauce ist gut auszukochen, mit Zitronensaft sowie Cayennepfeffer zu würzen und nach dem Passieren mit frischer Butter und Hummermark zu montieren.

Braune Matelotesauce
Gehackte Zwiebeln, Champignonabgänge, Petersilie, Salbei, Rosmarin, zerdrückte Pfefferkörner sowie einige Schinkenreste werden mit je einem Drittel Rotwein, Weißwein und kräftigem Fischfond aufgefüllt und zur Hälfte eingekocht. Dieser Teil ist mit brauner Grundsauce aufzufüllen und bis zur gewünschten Konsistenz zu verkochen. Die Sauce wird dann durch ein Tuch passiert und ist mit Sardellenbutter und Zitronensaft zu vollenden.

Chambordsauce
Kleingehackte Abgänge von Salm, Karpfen, Aal und dergleichen werden mit kleingeschnittenem Wurzelwerk in Butter geröstet und mit Madeira einige Male heruntergläciert. Dann füllt man mit brauner Grundsauce sowie Rotwein auf und läßt das Ganze gut auskochen. Die durch ein Sieb passierte Sauce ist zum Schluß mit etwas Johannisbeergelee sowie mit Sardellenbutter zu vollenden.

Rote Austernsauce
Zu gleichen Teilen gemischte normannische und kräftige Tomatensauce werden kurze Zeit verkocht, durch ein Tuch passiert und im Anschluß daran mit Krebsbutter aufgeschlagen. Pochierte und entbartete Austern mit ihrem kurzgekochten und passierten Fond sowie kleine halbierte Champignonköpfe bilden die Einlage.

Blonde Fischrahmsauce
Ein Teil fertige normannische Sauce wird mit der gleichen Menge Tiroler Sauce vermischt und mit flüssiger Fleischglace sowie Sardellenpaste vollendet.

Fischsaucen 37

Schildkrötensauce (gesetzliche Vorschriften beachten!)
Eine halbe Dose passierte Schildkrötensuppe wird mit Zwiebelscheiben, Schildkrötenkräutern, Portwein sowie braunem Kalbsfond bis fast zur Glace eingekocht und durch ein Siebchen passiert. Dieses Konzentrat verkocht man mit Genfer Sauce, würzt mit Zitronensaft sowie Cayennepfeffer, gibt das aufgehobene und feingehackte Schildkrötenfleisch dazu und montiert die Sauce mit weicher Butter.

Texassauce
In Scheiben geschnittene Zwiebeln und Currypaste werden leicht in Butter angeschwitzt, etwas Kurkuma sowie einige Safranfäden hinzugegeben und unter Beigabe von Fischfond und Tomatenketchup recht weich und musig gekocht. Nach kurzem Abkühlen streicht man das Püree durch ein feines Sieb und gibt das Mus mit gehackter Petersilie und Zitronensaft unter die fertiggestellte Fischsauce, die des weiteren noch mit einer Einlage von roten Pfefferschotenwürfeln zu versehen ist.

Godardsauce
Kleine Würfel von Zwiebeln, Karotten, Sellerie, Lauch und Schinken, dazu kleine ganze Champignons und Fischklößchen werden in Butter und Weißwein krokant gedünstet und in die mit Butter aufgezogene Genfer Sauce als Einlage gegeben.

Lord-Byron-Sauce
Dies ist eine mit Trüffelfond und Trüffelstreifen versetzte Genfer Sauce.

Matrosensauce
Kleingeschnittenes Wurzelwerk sowie kleingehackte Fischabgänge werden mit Butter angeschwitzt und mit Rotwein und Fischfond aufgefüllt. Das Ganze ist unter öfterem Ausschäumen etwa 30 Minuten zu kochen und zu passieren. Den erhaltenen Fond verkocht man mit der braunen Fischgrundsauce bis zur gewünschten Konsistenz, passiert sie nochmals durch ein Tuch und vollendet sie mit Butterflocken und Zitronensaft.

Paradiessauce
Dick eingekochtes Mus von frischen Tomaten streicht man durch ein feines Sieb und versetzt es mit der gleichen Menge Genfer Sauce. Sie ist mit Sardellenbutter aufzuschlagen und mit Zitronensaft, frisch gemahlenem Pfeffer sowie mit gehacktem Estragon abzuschmecken.

Paprikasauce
Grobgeschnittene Zwiebeln, Karotten, Lauch, Sellerie, Magerspeckwürfel und Lorbeerblatt schwitzt man in Butter hellgelb an, löscht mit kräftigem Fischfond ab und verkocht das Ganze mit brauner Fischgrundsauce etwa eine Stunde. Die Sauce wird dann durch ein Tuch passiert und mit Paprika und saurer Sahne zur gut deckenden Konsistenz verkocht. Zum Schluß wird die Sauce mit einer Prise Cayennepfeffer sowie Zitronensaft geschärft und mit frischer Butter montiert.

Richelieusauce
Gehackte Gräten, Fischköpfe sowie grobgeschnittene Röstgemüse läßt man in Butter angehen, gibt ein wenig Tomatenmark hinzu und löscht mit Fischfond, Weißwein sowie Madeira ab. Nach dem Aufkochen gibt man die entsprechende Menge braune Fischgrundsauce hinzu, läßt das Ganze bis zur gewünschten Dicke einkochen und passiert die Sauce durch ein Tuch. Vollendet wird die Sauce mit Trüffel- und Champignonessenz sowie mit frischer Butter.

Rotweinsauce
Kleinwürfelig geschnittenes Wurzelwerk wird in Butter zur schwachen Farbe angeröstet, mit etwas Tomatenmark versehen und mit Rotwein aufgefüllt, den man dann bis auf die Hälfte einkocht. Zu diesem reduzierten Fond gibt man dann kräftigen Fischfond sowie eine braune Fischgrundsauce und verkocht das Ganze noch etwa 30 Minuten. Die Sauce wird dann durch ein Tuch passiert und ist mit Butterflocken aufzuschlagen.

Braune Austernsauce
Eine fertige Genfer Sauce wird mit Austernfond verkocht und erhält nach dem Passieren und Buttern eine Garnierung von gesteiften und entbarteten Austern.

Elfenbeinsauce
Die mit kräftigem Fischfond bereitete Velouté wird nach dem Passieren mit Sahne und Eigelb legiert und mit Sardellenbutter sowie mit einer guten Menge flüssiger Kalbsglace aufgezogen.

Garibaldisauce
Die mit Senf, geriebenem Knoblauch und einer Spur Cayennepfeffer abgeschmeckte Genfer Sauce wird zum Gebrauch mit Sardellenbutter aufgeschlagen.

Fischsaucen

Portugiesische Sauce
Feingeschnittene Zwiebeln läßt man in heißem Öl eine hellbraune Farbe nehmen und versetzt sie mit Würfeln von geschälter und ausgedrückter Tomate sowie feingeriebenem Knoblauch. Mit einer kleinen Beigabe von Fischfond läßt man das Ganze zehn Minuten kochen und gibt die gleiche Menge einer braunen Fischgrundsauce hinzu. Nach mehrmaligem Aufstoßen versetzt man die Sauce mit gehackter Petersilie sowie frischer Butter und vollendet sie mit Zitronensaft und frisch gemahlenem schwarzem Pfeffer.

Braune Sardellenbutter
Leicht gebräunte Butter wird am Herdrand mit einigen Tropfen Essig sowie Weißwein versehen und mit gehackter Petersilie und der Paste von durch ein feines Sieb gedrückten Sardellen vollendet.

Blonde Madrider Meerrettichsauce
³/₄ Liter der in dieser Rubrik aufgeführten braunen Matelotesauce wie auch die gleiche Menge einer leicht gebundenen Kalbsjus vermischt man mit ¹/₂ Liter Sahne und kocht das Ganze um ein Drittel ein. Die durch ein Siebchen passierte Sauce montiert man mit einigen Butterflocken und vollendet sie zum Schluß nach Geschmack mit frisch geriebenem Meerrettich, etwas Zitronensaft und gehackten Pistazien.

Pernod-Rahm mit frischen Kräutern
Einige feingehackte Gräten von Seezungen, feingeschnittene Schalotten, eine Karotte, pariertes Schinkenfett und zwei bis drei weiche Tomaten sautiert man in Butter, füllt mit leicht gebundener Kalbsjus und Sahne auf und verkocht das Ganze zur bündigen Konsistenz. Zum Schluß passiert man die Sauce, versieht sie mit etwas geschlagener Sahne, einer Prise Cayennepfeffer und grobgehackten Kräutern und aromatisiert sie mit einigen Spritzern Pernod. Diese Sauce paßt ausgezeichnet zu Langusten, Riesengarnelen, Scampi und dergleichen mehr.

WEISSE GRUNDSAUCEN BÉCHAMELSAUCEN

ABLEITUNGEN DER WEISSEN GRUNDSAUCE

Die Basis für die in dieser Rubrik aufgeführten Ableitungen ist die deutsche Sauce, die sich, wie schon zu Anfang beschrieben, aus der weißen Grundsauce – Kalbsvelouté – sowie einer Liaison von Weißwein, Sahne und Eigelb zusammensetzt. Durch Beifügen der unterschiedlich vielen Gewürze, Kräuter und Einlagen entstehen mannigfache Geschmacksnuancen und Kombinationen, die für eine ganze Reihe von Gerichten charakteristisch sind.

Englische Meerrettichsauce
Die deutsche Sauce versetzt man mit in mildem Weinessig angerührtem englischem Senfmehl sowie mit frisch geriebenem Meerrettich und einer Prise Zucker.

Currysauce I
Zwiebel- und Apfelwürfel werden in Butter glasig gedünstet und mit Mehl und Currypulver gestaubt. Nach kurzem Durchschwitzen wird mit hellem Kalbsfond und, wenn möglich, mit Kokosmilch aufgefüllt und ausgekocht. Kurz vor Fertigstellung der Sauce gibt man etwas flüssige Sahne hinzu und passiert sie durch ein Tuch.

Currysauce II
In Weißwein und Kokosmilch gedünstete Apfelspalten versetzt man mit der nötigen Currypaste und streicht diese Mischung durch ein feines Sieb. Mit dem erhaltenen Püree sowie einigen Butterflocken wird die fertige deutsche Sauce montiert.

Weiße Grundsaucen

Champignonsauce
Geputzte und gewaschene Champignons werden in Würfel geschnitten und rasch mit etwas Butter, Weißwein und Zitronensaft gedünstet. Die so vorbereiteten Champignons gibt man auf ein Sieb zum Abtropfen und läßt den aufgefangenen Fond sirupartig reduzieren. Zum Schluß zieht man beide Teile, also Champignonwürfel und reduzierten Fond, unter die bereitgehaltene deutsche Sauce.

Estragonsauce
Von Weißwein, einigen Spritzern Essig sowie frischem Estragon kocht man einen Auszug und vollendet mit diesem sowie mit gehackten Estragonblättern die deutsche Sauce.

Gurkensauce
Von frischer, geschälter und entkernter Gurke werden kleine Würfel geschnitten, die mit feingeschnittenem Dill, etwas Butter, Essig sowie einer Prise Zucker und Salz fast trocken zu dünsten sind. Man versieht die deutsche Sauce mit dieser Einlage.

Einmachsauce
Die fertiggestellte deutsche Sauce wird mit stark eingekochtem Champignonfond unterzogen und mit Zitronensaft sowie frischer gehackter Petersilie vollendet.

Hofmeistersauce
Die mit Zitronensaft geschärfte deutsche Sauce wird mit einigen Butterflocken aufgeschlagen und mit einer reichen Zugabe von frischen, gehackten Kräutern fertiggemacht.

Schnittlauchsauce
Die gleiche Behandlung wie die vorstehende Kräutersauce. Anstelle der gemischten Kräuter findet dagegen eine reichliche Menge feingeschnittener Schnittlauch Verwendung.

Kapernsauce
Die auf einem Sieb abgetropften Kapern läßt man in etwas frischer Butter kurz angehen und setzt sie der bereitgehaltenen deutschen Sauce zu.

Andalusische Sauce
Würfel von abgezogenen und entkernten Tomaten läßt man unter Beigabe von kleinen grünen und roten Pfefferschotenwürfelchen

und einer Prise Knoblauch weich dünsten, gibt frisch gemahlenen Pfeffer sowie gehackte Petersilie hinzu und zieht die recht kurz zu haltende Masse unter die deutsche Sauce.

Dillsauce
Feingeschnittener Dill wird in wenig Butter kurz angeschwitzt und mit einer kleinen Beigabe von holländischer Sauce unter die fertige Sauce gemischt.

Sauerampfersauce
Der gewaschene Sauerampfer wird mit wenig Butter im eigenen Saft kurz gedünstet und entweder grob gehackt oder auch durch ein feines Sieb passiert. Das Püree oder Gehäck wird mit etwas festgeschlagener Sahne unter die deutsche Sauce gehoben.

Aurorasauce
Die fertiggestellte deutsche Sauce wird mit einem kleinen Teil gutem Tomatenmark vermischt, so daß sie einen hellrosa Ton aufweist. Die Sauce ist dann mit Cayennepfeffer abzuschmecken und mit frischen Butterflocken aufzuschlagen.

Italienische Käsesauce
Feingeschnittene Zwiebelscheiben und etwas Knoblauch werden in Butter glasig geschwitzt und mit Milch fast eingekocht. Die Zwiebeln werden dann im Mixer fein püriert und anschließend noch durch ein feines Sieb gedrückt. Dieses Püree fügt man, neben geriebenem Parmesan, der deutschen Sauce bei und montiert diese noch mit Butterflocken.

Börsensauce
Auf zwei Liter fertige deutsche Sauce kocht man 100 ccm Madeira sowie zwei Eßlöffel flüssige Kalbfleischglace auf ein Drittel ein, fügt etwas süße Sahne hinzu, kocht das Ganze noch einige Minuten und zieht die Reduktion unter die Sauce.

Buttersauce
Die fertiglegierte deutsche Sauce würzt man mit Zitronensaft sowie einer Spur Cayennepfeffer und schlägt sie, abseits des Feuers, mit Butterflocken auf. Man rechne auf einen Liter Sauce etwa 180 Gramm Butter.

Krebsbuttersauce
Wie vorstehend zubereiten, nur ersetzt man die Hälfte der Buttermenge durch Krebsbutter.

Weiße Grundsaucen

Bretonner Sauce
Kurzgeschnittene Julienne von Sellerie, zartgrünem Lauch, Zwiebeln und frischen Champignons dünstet man in etwas Butter, gibt eine kleine Menge Weißwein dazu sowie Salz, weißen Pfeffer und eine Prise Zucker. Den Fond läßt man völlig einkochen und gibt die nicht zu weich gedünstete Julienne unter die deutsche Sauce, die man zum Schluß mit Butterflocken und Sahne vollendet.

Selleriesauce
Die Kalbsvelouté verkocht man vor dem Legieren etwa zwanzig Minuten mit einer reichen Beigabe von Staudensellerie und fügt später der legierten Sauce eine Einlage von in Butter und Zitronensaft gedünsteten Selleriestreifen bei.

Chivrysauce
Der deutschen Sauce gibt man eine passierte Kräuterreduktion bei, zu der man Weißwein und Zwiebel, Kerbel, Estragon, Schnittlauch und Petersilie zur guten Hälfte einkocht. Zum Schluß montiert man die Sauce mit Chivrybutter. Deren Zubereitung ist im Abschnitt der Buttermischungen zu finden.

Dänische Sauce
Die oben beschriebene Buttersauce wird mit Champignonessenz und Sardellenpaste geschmacklich vollendet.

Champignonessenz
500 Gramm sauber geputzte, gewaschene und geschnittene Champignons werden in einer Kasserolle mit Zitronensaft, etwas Weißwein, Salz, Pfeffer und 60 Gramm Butter auf flottem Feuer gekocht. Der entstandene Fond wird durch ein Tuch gepreßt, noch gut eingekocht und ist somit gebrauchsfähig.

Sardellensauce mit Krebsbutter
Die deutsche Sauce wird mit durchpassierten Sardellen oder Sardellenpaste und wenig abgeriebener Zitronenschale abgeschmeckt und zum Schluß mit Krebsbutter und einer kleinen Beigabe von holländischer Sauce versehen.

Schottische Sauce
Eine in Butter weichgedünstete Brunoise von Zwiebeln, Karotten, Sellerie, grünen Bohnen und Lauch vermischt man mit der fertiggestellten deutschen Sauce, die man mit einer Spur Cayennepfeffer und A-1-Sauce abschmeckt.

Flämische Buttersauce
Gehackte Zwiebeln, einige zerdrückte Pfefferkörner, ein Sträußchen Thymian sowie etwas Lorbeerblatt schwitzt man in wenig Butter an, füllt das Ganze mit trockenem Weißwein sowie einer kleinen Menge Essig auf und läßt es auf flottem Feuer zu einem Drittel einkochen. Man gibt dann die Velouté dazu sowie Senf und Zitronensaft, legiert die Sauce mit Sahne und Eigelb und passiert sie durch ein Tuch. Im Anschluß daran wird sie mit den nötigen Butterflocken aufgeschlagen und vollendet.

Gascogner Sardellensauce
Gehackte Zwiebeln, einige Champignons oder Steinpilze, Estragon und Kerbel schwitzt man mit ein wenig Öl an und kocht das Ganze mit etwas Weißwein fast völlig ein. Die weichgedünsteten Ingredienzen streicht man durch ein feines Sieb und gibt dieses Püree sowie die Hälfte der Menge Sardellenpaste unter die mit Sahne aufgezogene deutsche Sauce.

Paprikasauce
Magere Speckwürfel sowie geschnittene Zwiebeln werden in Butter hellgelb geschwitzt und mit einer Beigabe von Paprikamark noch einige Minuten durchgeröstet. Diesen Ansatz verkocht man 20 Minuten mit Velouté, legiert sie mit Sahne und Eigelb und passiert sie durch ein Tuch. Sie wird mit etwas Zitronensaft sowie einer Prise Cayennepfeffer geschärft und mit einigen Butterflokken montiert.

Grüne Spargelsauce
Kleingeschnittene Spargelstücke werden mit einer Prise Salz und Zucker in einer Mischung von Weißwein und Wasser sehr weich gekocht, aus dem Fond gehoben und im Mixer püriert. Das erhaltene Püree streicht man nochmals durch ein feines Sieb und mischt den Spargelbrei unter die fertiggestellte deutsche Sauce. Die Sauce wird mit einer Spur Muskatblüte geschmacklich gehoben. Sie ist mit einer Beigabe von Spinatmatte zartgrün zu färben und erhält eine Einlage von kleinen, nicht zu weich gekochten Spargelstückchen.

Lyoner Sauce
Eine gute Menge Zwiebelscheiben, rohe Steinpilzabfälle und wenig Knoblauch läßt man in Butter glasig werden, gibt Weißwein hinzu und kocht das Ganze bis zur Hälfte ein. Diese Reduktion gibt man in die kochende Velouté, die man nach einer weiteren Kochzeit von 10 Minuten mit Sahne und Eigelb legiert und durch ein

Weiße Grundsaucen

Tuch passiert. Die Sauce ist dann mit grobgemahlenem schwarzem Pfeffer, Zitronensaft sowie gehackter Petersilie fertigzumachen.

Morchelsauce
Sauber geputzte und mehrmals gewaschene Morcheln werden fein geschnitten und mit feinen Zwiebeln in Butter fast trocken geschwitzt. Die Pilz-und-Zwiebel-Mischung zieht man unter die mit Zitronensaft abgeschmeckte deutsche Sauce und vollendet sie mit einer Beigabe von einigen Eßlöffeln holländischer Sauce.

Senfsauce I
Die mit frischer Butter aufgezogene deutsche Sauce wird je nach gewünschter Schärfe mit mehr oder weniger Senf vervollständigt.

Senfsauce II
Eine fertig zubereitete deutsche Sauce wird mit Senf abgeschmeckt und mit dem Unterziehen von etwas holländischer Sauce geschmacklich gehoben.

Polnische Meerrettichsauce
Die fertige deutsche Sauce wird mit saurem Rahm sowie frisch geriebenem Meerrettich aufgezogen und mit einer Beigabe von Zitronensaft und gehacktem Fenchelgrün vollendet.

Weiße provenzalische Sauce
In kleine Würfel geschnittene Champignons, ebensolche Zwiebeln, Tomaten, Kapern sowie etwas Knoblauch werden in wenig Öl fast trocken gedünstet und mit gehackter Petersilie unter die deutsche Sauce gehoben.

Kressesauce
Die mit Butter montierte deutsche Sauce wird mit Zitronensaft und einer Spur Muskatblüte abgeschmeckt und erhält eine reiche Einlage von frischer gehackter Kresse.

Vichysauce
Feingeschnittene Karotten- und Zwiebelscheiben werden in Butter und etwas Kalbsfond musig weich gedünstet und durch ein Sieb gestrichen. Das erhaltene Püree wird unter die fertige deutsche Sauce gezogen, die zudem noch mit grobgehackter Petersilie und Sauerampfer zu versehen ist.

ABLEITUNGEN DER BÉCHAMELSAUCE

Aurorasauce
Die fertig zubereitete Béchamelsauce wird noch mit etwas Kalbsbrühe bis zur deckfähigen Konsistenz verkocht, passiert, leicht mit Tomatenpüree vermischt und mit etwas weicher Butter aufgeschlagen.

Englische Cremesauce
Béchamelsauce wird mit Champignonfond sowie mit Petersilienstengeln verkocht und mit reichlich süßer Sahne versehen. Nach dem Passieren ist sie mit einer Prise Muskatblüte zu würzen und mit Butter aufzuschlagen.

Kreolensauce
Feine Zwiebel-, rote Pfefferschoten- sowie kleine Champignon- und Tomatenwürfel werden zu gleichen Teilen in Butter gedünstet, mit einer Spur Knoblauch und Cayennepfeffer gewürzt und unter die fertiggestellte Béchamelsauce gehoben.

Mornaysauce
Die gut ausgekochte, passierte und mit Butter aufgeschlagene Béchamelsauce wird mit einer reichen Menge geriebenem Parmesan- oder sonstigem Reibkäse versehen.

Weiße Zwiebelsauce
Eine gute Menge Zwiebelscheiben wird in kochendem Wasser gebrüht, abgeschüttet und in Butter fertiggedünstet, ohne daß sie Farbe nehmen. Die sehr weich gedünsteten Zwiebeln verkocht man mit der dick gehaltenen Béchamelsauce, streicht sie durch ein feines Sieb und vollendet sie mit Salz, Muskatblüte, einer Prise Zucker und Cayenne sowie mit einer Beigabe von Sahne und Butter.

Englische Hummersauce
Die fertige Béchamelsauce wird mit Hummerbutter aufgeschlagen und mit Sardellenpaste sowie mit Cayennepfeffer und Zitronensaft gewürzt. Sie wird mit kleinwürfelig geschnittenen Champignons und Hummerfleisch vollendet.

Nantuasauce
Die Béchamelsauce wird mit gestoßenen Krebsschalen und einer reichlichen Menge Rahm eingekocht und nach dem Passieren mit Krebsbutter montiert.

Cherbourger Sauce
Eine mit Rahm verkochte und passierte Béchamelsauce ist mit Krebsbutter aufzuschlagen und mit einer Einlage von halbierten Krebsschwänzen zu versehen.

Polnische Traubensauce
Der Ansatz der Béchamelsauce ist mit halb Milch und halb Traubensaft zu verkochen, mit etwas Sahne zu versetzen und zu passieren. Sie erhält eine reiche Einlage von abgezogenen und entkernten Trauben, die zuvor in etwas Butter und gehackter Petersilie geschwenkt wurden.

Gemüse-Rahmsauce
Zwei Teile Béchamelsauce werden mit einem Teil Sahne zur notwendigen Konsistenz verkocht und nach dem Passieren mit in Butter trockengedünsteten Karotten-, Sellerie-, Lauch- und Zwiebelwürfelchen sowie mit grobgehackter Petersilie versehen und abseits des Feuers mit Butter und Sahne unterzogen.

Herzoginsauce
Kräftiger heller Champignonfond wird mit Béchamelsauce im richtigen Verhältnis verkocht und durch ein Tuch passiert. Die Sauce wird mit geschlagener Sahne aufgezogen und mit etwas Zitronensaft sowie einer Spur Cayennepfeffer gewürzt. Zum Schluß erhält sie eine Einlage von gekochtem, magerem und kleinwürfelig geschnittenem Schinken.

Toulouser Sauce
Gut eingekochte Béchamelsauce verkocht man nach dem Passieren noch mit Geflügel- und Champignonfond zu einer gut deckenden Konsistenz und vollendet sie mit Butter und feinen Trüffelstreifchen.

Devonshire-Zwiebelsauce
Feingeschnittene Zwiebeln werden in Butter und Milch weich gedünstet, mit frisch gemahlenem Pfeffer sowie mit einer Prise Muskatblüte abgeschmeckt und unter die fertiggestellte Béchamelsauce gezogen.

Béchamel-Schaumsauce
Vor dem Passieren wird die Béchamelsauce noch mit flüssiger Sahne verkocht und im Augenblick des Gebrauchs mit geschlagener Sahne unterzogen.

Champignonsauce
Sauber geputzte und feingeschnittene Champignons schwitzt man in Butter an, würzt sie mit Salz, Pfeffer sowie Zitronensaft und bedeckt sie mit einem trockenen Weißwein. Nachdem der Fond bis zur Hälfte eingekocht ist, gibt man die Champignons auf ein Sieb und verkocht den Fond mit der Béchamelsauce, die später durch ein Tuch zu passieren ist. Die Sauce wird dann mit Zitronensaft und Butter fertiggemacht und mit den heiß gehaltenen Champignons versehen.

Raifortsauce I
Die mit einer reichlichen Menge Sahne bis zur gewünschten Konsistenz verkochte Béchamelsauce vermischt man nach dem Passieren mit frisch geriebenem Meerrettich und macht sie mit Butter, Salz sowie etwas Zucker fertig.

Raifortsauce II
Nach einer weiteren Fertigungsmethode verkocht man sorgfältig abgerindetes und in kleine Würfel geschnittenes Weißbrot mit Milch zu einer bündigen Sauce und streicht diese durch ein feines Sieb. Man läßt sie noch einmal aufkochen und macht sie dann mit geriebenem Meerrettich sowie mit Salz und Zucker fertig.

Prinzeßsauce
Die passierte Béchamelsauce wird mit Champignonfond sowie mit Geflügelglace vermischt und kurz vor Gebrauch mit geschlagener Sahne aufgezogen.

Barotto-Sauce
Von feingewürfeltem gekochtem Schinken, frischer Butter und wenig Mehl bereitet man einen Roux, füllt ihn mit kochender Milch auf und schmeckt mit Salz, einer Prise Zucker wie auch frisch gemahlenem weißem Pfeffer ab. Fertiggestellt wird die Sauce mit einer Liaison von Sahne und Eigelb, frisch geriebenem Meerrettich und gerösteten Pinienkernen.

WEISSE UND BRAUNE GEFLÜGELSAUCEN

Suprêmesauce
Eine Geflügelvelouté, die von weißgeschwitztem Roux sowie hellem Geflügel- und Champignonfond bereitet wurde, wird nach dem Passieren mit einer Liaison von Sahne und Eigelb gebunden. Sie wird nun als Suprêmesauce bezeichnet und ist in diesem Stadium als Grundsauce der verschiedensten Ableitungen anzusehen. Viele Zubereitungsarten, wie sie unter der Rubrik Weiße Saucen und Béchamelsaucen beschrieben sind, können bei Austausch der Grundbrühen auch bei der weißen Geflügelsauce zur Anwendung gebracht werden.

Albuférasauce
Die fertiggestellte Suprêmesauce wird mit Geflügelglace sowie Butterflocken aufgeschlagen und ist mit einer Prise Cayennepfeffer und Zitronensaft leicht zu schärfen.

Botschafterinsauce
Eine nicht zu dicke Geflügelvelouté passiert man durch ein Tuch, versetzt sie mit feinpassiertem Geflügelpüree, bringt sie noch einmal zum Aufkochen und legiert sie dann mit Sahne und Eigelb. Man würzt sie mit Salz und weißem Pfeffer und macht sie mit Butterflocken fertig.

Weiße Ravigotesauce
Feingeschnittene Zwiebeln dünstet man in etwas Butter, Weißwein sowie Essig an und läßt die Flüssigkeit fast einkochen. Nun gibt man gehackte Petersilie, Kerbel sowie Estragon hinzu und zieht das Gemisch mit einigen Butterflocken unter die legierte Sauce.

Geflügelrahmsauce mit Estragon
Grobgehackte Estragonblätter brüht man ganz kurz in wenig Weißwein und zieht diese, einschließlich des Fonds, unter die mit Butter fertiggemachte Suprêmesauce.

Rote Geflügel-Suprêmesauce
Die legierte Sauce ist mit einer Prise Cayennepfeffer und Zitronensaft zu würzen und mit Butter sowie mit etwas festem Tomatenpüree zu montieren.

Herzogliche Samtsauce
Unter eine passierte Geflügelvelouté zieht man die gleiche Menge der folgenden Liaison und würzt das Ganze mit Zitronensaft und einer Spitze Cayennepfeffer.
Liaison: 1/8 Liter roter Portwein, 200 Gramm Geflügelglace sowie 1/4 Liter Sahne kocht man auf flottem Feuer zur Hälfte ein. Nach kurzem Abkühlen schlägt man die Reduktion mit drei Eigelben sowie 250 Gramm flüssiger Butter wie eine holländische Sauce auf und legiert damit die vorbereitete Velouté.

Safransauce
In etwas Butter und weißem Geflügelfond dünstet man eine Julienne von Sellerie, Karotten, Zwiebeln und Lauch, gibt einige Safranfäden, Salz sowie Pfeffer hinzu und läßt die Gemüse nicht zu weich werden. Das Ganze gibt man unter eine Geflügelvelouté, die im Anschluß daran mit Sahne und Eigelb zu legieren ist.

Chantillysauce
Etwas dicker gehaltene Suprêmesauce wird mit einem Viertel ihrer Menge festgeschlagener Sahne unterzogen und mit etwas Zitronensaft geschärft.

Metternichsauce
Kräftige Geflügelvelouté wird nach dem Passieren mit süßer Sahne und Madeira zur notwendigen Konsistenz eingekocht und mit etwas Butter aufgezogen. Als Einlage erhält die Sauce gedünstete Gemüse-, Champignon- und Pökelzungenwürfelchen.

Königin-Rahmsauce
Die fertige Suprêmesauce hat eine Einlage von Hühnerbruststreifen und wird kurz vor Gebrauch mit festgeschlagener Sahne aufgezogen.

Schnittlauchsauce
Eine fertige Suprêmesauce wird mit Krebsbutter aufgeschlagen und mit einer reichen Menge feingeschnittenem Schnittlauch unterzogen.

Haushofmeistersauce
Eine gut ausgekochte Geflügelvelouté wird mit frischer Butter aufgezogen und durch ein Tuch passiert. Sie wird mit Salz, weißem Pfeffer sowie Zitronensaft gewürzt und mit frisch gehackter Petersilie vollendet.

Braune Geflügel-Einmachsauce
Eine Geflügelvelouté wird im letzten Drittel ihrer Kochzeit mit etwas Tomatenpüree, Fleischglace und süßer Sahne bis zur gewünschten Konsistenz verkocht, durch ein Tuch passiert und mit frischer Butter vollendet.

Bojarensauce
Feingeschnittene Zwiebeln sind mit Butter anzuschwitzen und mit Weißwein zur Hälfte einzukochen. Diese Reduktion füllt man mit ¼ Liter Sahne sowie flüssigem Fleischglace auf und kocht das Ganze zur bündigen Konsistenz. Die Sauce ist mit Salz, Paprika sowie mit Zitronensaft zu würzen und zum Schluß mit gehacktem Fenchelgrün zu versehen.

Braune Schaumweinsauce
Feingeschnittene Wurzelgemüse kocht man mit Schaumwein zur Hälfte ein, füllt die Reduktion mit gebundener Geflügeljus, Champignonfond sowie mit etwas Fleischglace auf und verkocht sie zur notwendigen Konsistenz. Die durch ein Tuch passierte Sauce soll eine schwach deckende Beschaffenheit aufweisen.

Zigeunersauce
Gebundene Geflügeljus wird mit Tomatenmark, Madeira und Geflügelglace noch etwa 15 Minuten verkocht, so daß sie eine deckende Konsistenz aufweist. Sie wird mit einer reichen Julienne von Champignons, gekochtem Schinken, Pökelzunge und Trüffeln garniert und mit Zitronensaft und Cayennepfeffer geschärft.

Gebundene Geflügeljus
Kräftige und gut eingekochte Geflügeljus wird leicht mit angerührtem Weizenpuder gebunden und durch ein Tuch passiert.

Braune Wildentensauce
In wenig Entenfett hellbraun geschwitzte Zwiebeln füllt man mit etwas Malaga auf, gibt einige zerdrückte Wacholderbeeren hinzu und kocht bis zur Hälfte ein. Die Reduktion läßt man mit brauner Grundsauce sowie mit etwas Entenfond zur deckenden Konsistenz einkochen, passiert durch ein Tuch und vollendet sie mit Trüffelfond, Zitronensaft und weißem Pfeffer.

Morchelsauce I
Oftmals gewaschene Morcheln werden geschnitten und mit feinen Zwiebeln in Butter angeröstet. Man füllt sie mit gebundener Geflügeljus auf, läßt sie noch ein wenig einkochen und vollendet sie mit Zitronensaft und grobgehackter Petersilie.

Morchelsauce II
Die gleiche Zubereitungsart, wie vorstehend beschrieben, nur legiert man die Sauce zum Schluß mit Sahne und Eigelb.

Gibletsauce
Geflügelherzen und -mägen werden unter Beigabe von Zwiebelscheiben sowie etwas Pökelsalz weich gekocht und im Anschluß daran feinblätterig geschnitten. Diese gibt man zu einer gebundenen Geflügeljus, kocht sie noch ein wenig ein und macht sie mit einer Prise Pfeffer sowie mit gehackter Petersilie fertig.

Colbertsauce
Gebundene Geflügeljus kocht man mit Geflügelglace zur Hälfte ein und schlägt abseits des Feuers nach und nach frische Butter darunter. Zum Schluß würzt man mit Zitronensaft, Pfeffer, gehackter Petersilie und Estragon.

Kreolensauce
Gehackte Zwiebeln sowie etwas Knoblauch läßt man mit in Würfel geschnittenem Magerspeck angehen, gibt Tomatenmark hinzu und verkocht das Ganze mit Weißwein und Geflügelvelouté zur gewünschten Dicke. Die Sauce wird passiert, mit Cayennepfeffer gewürzt und erhält eine Einlage von in feine Streifen geschnittener roter Pfefferschote.

Braune Sauerampfersauce
Eine fertig abgeschmeckte gebundene Geflügeljus wird mit grobgezupftem und im eigenen Saft gedünstetem Sauerampfer fertiggestellt.

Geflügelsaucen

Portweinsauce
In feine Scheiben geschnittene Zwiebeln, Thymian sowie gehackte Zitronen- und Orangenschalen werden mit Portwein aufgekocht und bis auf ein Drittel reduziert. Die Reduktion gibt man unter eine gebundene Geflügeljus, die mit einer Prise Cayennepfeffer zu würzen ist.

Provenzalische Sauce
Geschälte, gut ausgedrückte und in Würfel geschnittene Tomaten läßt man mit zerdrücktem Knoblauch und etwas feinen Zwiebeln in heißem Öl gut angehen, gibt die gleiche Menge gebundene Geflügeljus und etwas Geflügelglace hinzu und mijotiert das Ganze langsam auf schwachem Feuer. Vollendet wird die Sauce mit Salz, Pfeffer, einer Prise Zucker und mit gehackter Petersilie.

Paprikasauce
Feingewürfelter Magerspeck und ebensolche Zwiebeln werden hellbraun angeröstet und mit braunem Geflügelfond abgelöscht. Nachdem diese Mischung bis zur Hälfte eingekocht ist, gibt man Sahne sowie edelsüßen Paprika hinzu und verkocht alles bis zur deckfähigen Konsistenz. Die Sauce wird mit Salz und Pfeffer abgeschmeckt und mit einer Einlage von gedämpften roten und grünen Pfefferschotenwürfeln versehen.

Weinhändlersauce
In feine Würfel geschnittene Zwiebeln werden mit Rotwein fast ganz eingekocht, mit gebundener Geflügeljus sowie Geflügelglace vermischt und bis zur gewünschten Konsistenz eingekocht. Die unpassierte Sauce ist dann mit frischen Butterflocken aufzuschlagen.

Portweincreme
Ein Eßlöffel feine Schalottenwürfel, der Saft von zwei Orangen und einer Zitrone, etwas Orangenschale, ein Eßlöffel frischer Thymian, zwei Südweingläser Portwein wie auch eine Prise Cayennepfeffer werden etwas eingekocht und die verbliebene Flüssigkeit mit wenig Mehlbutter gebunden. Diese Reduktion wird passiert, mit einem Drittel der Menge Jus lié verkocht und mit Crème fraîche vollendet.

BRAUNE GRUNDSAUCEN FÜR SCHLACHTFLEISCH UND WILD

Die gebräuchlichsten Ableitungen der braunen Grundsaucen für Schlachtfleisch und Wild

---

Die in diesem Abschnitt aufgeführten Ableitungen umreißen nur die mit Mehl gebundenen Braten- oder Wildsaucen, die in den meisten Fällen eine deckende Konsistenz aufweisen sollen. Jus und Bratensäfte dagegen zeichnen sich durch eine schwache Bindung aus, die in den meisten Fällen durch das Verkochen mit Mehlbutter (Beurre manié) oder durch das Abziehen mit angerührtem Weizenpuder besteht.

Bordeaux-Rotweinsauce mit Mark
Geschnittene Zwiebeln, Petersilienwurzeln, ein Stück Lorbeerblatt sowie eine zerdrückte Knoblauchzehe kocht man mit einer Flasche Rotwein zur Hälfte ein, füllt die Reduktion mit brauner Grundsauce auf und verkocht das Ganze zur gewünschten Konsistenz. Die Sauce ist durch ein Tuch zu passieren, mit Salz und einer Prise Cayennepfeffer abzuschmecken und mit kleinen, gebrühten Ochsenmarkwürfeln zu vollenden.

Champagnersauce
Abgänge von frischen Champignons, etwas Zwiebeln und Petersilienstengel kocht man mit Weißwein auf ein Drittel ein und füllt mit brauner Grundsauce auf. Unter Beigabe von trockenem Schaumwein und Weinbrand verkocht man das Ganze zu einer deckenden Sauce, die man durch ein Tuch passiert und zum Schluß mit frischer Butter montiert.

Braune Grundsaucen für Schlachtfleisch und Wild 55

Burgundersauce
Kleingeschnittenes Wurzelwerk, Champignonabgänge sowie etwas Basilikum kocht man mit Rotwein zur Hälfte ein und ergänzt die Reduktion mit der vierfachen Menge brauner Grundsauce. Nach dem Erreichen der gewünschten Konsistenz passiert man die Sauce durch ein Tuch und würzt sie mit Salz sowie einer Prise Cayennepfeffer.

Braune Champignonsauce
Frische Champignons und feine Zwiebeln dünstet man in etwas Butter, füllt mit wenig Weißwein auf und kocht das Ganze bis zu einem Drittel der ursprünglichen Menge ein. Die benötigte Menge braune Grundsauce verkocht man mit den Champignons sowie dem kurzgekochten Fond und würzt die Sauce mit Zitronensaft, Salz, Pfeffer und einer Spur Knoblauch.

Afrikanische Sauce
Zwei Teile braune Grundsauce, ein Teil gebundene Kalbsjus, etwas Fleischglace sowie etwas Malaga verkocht man zu einer bündigen Sauce, die man nach dem Passieren mit Cayennepfeffer und Butter aufzieht und mit einer Einlage von hellbraun gebratenen Zwiebelstreifen sowie feinsten Trüffelstreifen versieht.

Essiggurkensauce
Eine kurzgekochte Reduktion von Zwiebeln, Essig und Weißwein verkocht man mit brauner Grundsauce und etwas Senf, passiert sie durch ein Tuch, montiert sie mit Butterflocken und versieht sie mit einer Einlage von feinen Pfeffergurkenstreifen.

Robertsauce
Feine Zwiebelwürfel und Weißwein werden fast trocken eingekocht und mit einer Beigabe von Senf unter die kochende braune Grundsauce gemischt. Die Sauce wird noch etwas eingekocht, mit Zitronensaft sowie einer Prise Cayennepfeffer geschärft und mit Butter und gehackter Petersilie fertiggemacht. Die Sauce kommt unpassiert zur Verwendung.

Pikante Sauce
Die braune Grundsauce wird mit gebundener Kalbsjus, etwas Fleischglace sowie mit Weißwein und Essig bündig verkocht und nach dem Passieren mit einer Einlage von Kapern, Pfeffergurkenstreifen und gehackter Petersilie vollendet.

Schildkrötenkräutersauce (gesetzliche Vorschriften beachten!)
Die fertige Schildkrötenkräutermischung kocht man mit einem Teil Schildkrötensuppe und Madeira bis auf ein Drittel ein und vermischt sie mit brauner Grundsauce. Die Sauce ist etwa 20 Minuten einzukochen, durch ein Tuch zu passieren und mit einigen Spritzern Weinbrand sowie mit Butterflocken fertigzumachen.

Pfeffersauce
Zwiebel- und Schinkenwürfel, grobgestoßene Pfefferkörner und etwas Essig läßt man eindämpfen, gießt etwas Rotwein daran, füllt mit brauner Grundsauce, etwas Weinbrand sowie mit Johannisbeergelee auf und kocht das Ganze bis zu zwei Drittel ein. Die Sauce ist mit Zitronensaft und Salz abzuschmecken und durch ein Tuch zu passieren. Sie sollte eine gut deckende Konsistenz aufweisen.

Yorkshiresauce
Eine kräftige braune Grundsauce wird mit rotem Portwein und Johannisbeergelee zu einer deckfähigen Konsistenz verkocht und durch ein Tuch passiert. Sie wird mit Orangensaft und Cayennepfeffer abgeschmeckt und erhält eine Einlage von in feinste Streifen geschnittener, blanchierter Orangenschale.

Dijoner Senfcremesauce
In einer Schwenkkasserolle läßt man feine Zwiebeln sowie etwas Knoblauch in Butter leicht mijotieren und gibt eine gute Menge gehackter Kräuter, wie Petersilie, Estragon, Fenchelgrün sowie feingeschnittenen Schnittlauch, dazu. Mit Dijoner Senf, etwas brauner Sauce, dickem Sauerrahm sowie einer kleinen Menge holländischer Sauce wird das Ganze zu einer dicken Senfcreme aufgerührt.

Jägersauce
In feine Streifchen geschnittene Zwiebeln und ebensolche Champignons brät man in Butter hellbraun an und füllt sie dann mit etwas Weißwein auf. Nachdem der Wein bis zu einem Drittel eingekocht ist, gibt man Würfel von abgezogenen sowie ausgedrückten Tomaten und gehackte Petersilie hinzu und läßt das Ganze noch einige Minuten dünsten. Zum Schluß vermischt man das Ganze mit etwas gebundener Kalbsjus sowie brauner Grundsauce und vollendet die Sauce mit Butter, Zitronensaft und einer Prise Cayennepfeffer.

Braune Grundsaucen für Schlachtfleisch und Wild 57

Knoblauchsauce
Je nach der geschmacklich gewünschten Intensität der Sauce brüht man mehr oder weniger geschälte Knoblauchzehen in Salzwasser und streicht sie durch ein Sieb. Die erhaltene Knoblauchpaste kocht man mit der nötigen Menge brauner Grundsauce zur erforderlichen Dicke ein, passiert sie durch ein Tuch und macht sie mit frisch gemahlenem Pfeffer und Butter gebrauchsfertig.

Schaumweinsauce I
Würfelig geschnittene Reste von rohem Schinken von magerer Beschaffenheit läßt man mit Zwiebeln, Karotten, Lorbeerblatt und Thymian in Butter hellgelb anschwitzen, gibt einige frische, ausgedrückte Tomaten hinzu und füllt das Ganze mit etwas Weißwein, gebundener Kalbsjus sowie brauner Grundsauce auf. Nach gut 30minütiger Kochzeit passiert man die Sauce durch ein Tuch, gibt etwas frisch gepreßten Traubensaft sowie Schaumwein hinzu und läßt sie nochmals etwa 15 Minuten einkochen. Zum Schluß ist die Sauce mit Butterflocken zu montieren.

Schaumweinsauce II
Kleingeschnittenes Wurzelwerk wird mit reichlich Champignon- oder Steinpilzabgängen in Butter angeröstet und mit Madeira kurz gekocht. Dieser Fond wird mit brauner Grundsauce sowie etwas Fleischglace aufgefüllt und zur gewünschten Konsistenz eingekocht. Im Anschluß daran ist die Sauce durch ein Tuch zu passieren und kurz vor Gebrauch mit Schaumwein zu vollenden.

Orangensauce
Wie zu Karamel hellbraun geschmolzener Zucker wird mit einem Schuß Weißwein und wenig Essig abgelöscht und bis zur Auflösung eingekocht. Dann verkocht man diesen Sirup mit gebundener Kalbsjus oder Entenjus, etwas Fleischglace und brauner Grundsauce bis zur gewünschten Konsistenz und passiert die Sauce durch ein Tuch. Sie ist mit Cayennepfeffer, etwas Curaçao, Orangen- sowie Zitronensaft abzuschmecken und erhält eine Einlage von Orangenschale, die in feine Streifen geschnitten und blanchiert wurde.

Karmelitersauce
Eine fertig zubereitete Burgundersauce erhält eine Einlage von gekochten mageren Schinkenstreifen und recht kleinen Perlzwiebeln.

Wild-Pfeffersauce
Kleinwürfelig geschnittenes Wurzelwerk, kleingeschnittene Schinkenschwarte und einige Wildabfälle röstet man mit etwas Butter lichtbraun, füllt mit Rotwein, Wildfond sowie mit fertiger Pfeffersauce auf und läßt das Ganze 1/2 Stunde lang gut auskochen. Sie ist mit Zitronensaft sowie etwas Weinbrand zu würzen und durch ein Tuch zu passieren.

Wild-Rahmsauce
Einige zerdrückte Wacholderbeeren röstet man in Butter etwas an und kocht sie mit 100 ccm Rotwein zu einer kurzen Reduktion. Diese gibt man mit dicker saurer Sahne zur vorstehenden Sauce, fügt noch etwas Johannisbeergelee hinzu und verkocht das Ganze zur deckenden Konsistenz. Die Sauce wird dann durch ein Tuch passiert und mit etwas Butter aufgeschlagen.

Kressesauce
Feingeschnittene Zwiebelwürfel werden mit trockenem Weißwein zur Hälfte reduziert und mit Fleischglace und brauner Grundsauce fertiggekocht. Die Sauce wird durch ein Tuch passiert und abseits des Feuers mit Kräuterbutter aufgeschlagen. Zum Schluß versieht man die Sauce mit blanchierten und gehackten Kresseblättern. Außerhalb der Kressezeit kann auch die feinere Gartenkresse Verwendung finden, die im Gegensatz zur Brunnenkresse unblanchiert zugesetzt wird.

Pfifferlingsauce
Eine recht kräftig abgeschmeckte Pfeffersauce wird mit kleinen ganzen oder geschnittenen Pfifferlingen, die man mit feinen Zwiebeln und Magerspeckwürfeln in Butter sautiert hat, vermischt und zum Gebrauch mit ungesüßter, festgeschlagener Sahne untergezogen.

Esterházysauce
Feingeschnittene Julienne von Zwiebeln, Karotten, Sellerie und Lauch schwitzt man in Butter leicht an, fügt etwas Weißwein und Paprika hinzu und läßt sie krokant weich werden. Die Julienne wird dann auf ein Sieb gegeben und der abgetropfte Fond mit gebundener Kalbsjus, brauner Grundsauce und dicker saurer Sahne bis zur nötigen Dicke eingekocht. Die Sauce ist dann durch ein Tuch zu passieren und mit der Gemüsejulienne zu versehen.

Chateaubriandsauce
Ein Eßlöffel feingehackte Zwiebeln ist mit einem Viertelliter trockenem Weißwein zu zwei Drittel einzukochen, mit etwas brauner Grundsauce aufzufüllen und nochmals auf die Hälfte der Menge zu reduzieren. Am Herdrand montiert man die Sauce mit 150 Gramm frischer Butter und würzt sie mit Zitronensaft, Cayennepfeffer und gehacktem Estragon.

Husarensauce
Geschnittene Petersilienwurzeln, Karotten, Zwiebeln und Knoblauch werden unter Beigabe von Lorbeerblatt und Basilikum in Butter angeröstet und mit Weißwein eingekocht. Der Fond wird dann mit brauner Grundsauce, Fleischglace sowie einem kleingehackten Schinkenknochen etwa 45 Minuten verkocht und im Anschluß daran durch ein Tuch passiert. Die Sauce erhält eine Einlage von kleinen gekochten Schinkenwürfeln, gehackter Petersilie und geriebenem Meerrettich und ist mit frischen Butterflocken zu vollenden.

Italienische Schinkensauce
Rohe Champignonabgänge und Zwiebelscheiben läßt man in Butter angehen, löscht sie mit Weißwein ab und kocht sie zur Hälfte ein. Diesen Ansatz vermischt man mit Tomatengrundsauce und läßt das Ganze noch eine Zeitlang durchkochen. Zwischenzeitlich sautiert man gekochten, mageren, recht kleinwürfelig geschnittenen Schinken, feingeschnittene Zwiebeln und ebensolche Champignons in Butter an, fügt gehackte Petersilie, Kerbel, Estragon sowie eine Prise Zucker und Cayennepfeffer hinzu und gibt dieses Gemisch als Einlage in die durch ein Tuch passierte Sauce.

Westfälische Specksauce
Magerer Räucherspeck sowie die gleiche Menge Zwiebeln sind kleinwürfelig zu schneiden, in Butter hellbraun anzubraten und mit brauner Grundsauce und gebundener Kalbsjus aufzufüllen. So vorbereitet, wird die Sauce bis zur gewünschten Dicke eingekocht und mit einer Prise Zucker, Zitronensaft sowie einigen Spritzern Essig abgeschmeckt.

Steinpilz-Rahmsauce
Feingeschnittene Zwiebeln werden mit trockenem Weißwein etwas eingekocht und mit brauner Grundsauce aufgefüllt. Zwischenzeitlich schneidet man geputzte und gut gewaschene Steinpilze in

feinblätterige Scheibchen und macht sie mit Butter, Salz und Pfeffer im eigenen Saft fertig. Man gibt sie auf ein Sieb zum Abtropfen und fügt den aufgefangenen Fond sowie dicke Sahne zu der kochenden Sauce. Nach genügendem Auskochen passiert man die Sauce durch ein Tuch und macht sie mit einer Prise Cayennepfeffer, einem Teelöffel Senf, Zitronensaft sowie den abgetropften Steinpilzen fertig.

Orangen-Pfeffersauce
Die fertig zubereitete Pfeffersauce wird mit durch ein Sieb gestrichener bitterer Orangenkonfitüre sowie mit Sherry, Zitronensaft und etwas Senf abgeschmeckt und mit einigen grünen Pfefferkörnern versehen.

Revaler Fenchelsauce
Aufgelöste Fleischglace, gebundene Kalbsjus und dicke Sahne kocht man zur benötigten Dicke ein und passiert sie durch ein feines Siebchen. Man schärft die Sauce mit Zitronensaft, zieht sie mit frischer Butter auf und vollendet sie mit feingehacktem Fenchelgrün.

Lyoner Zwiebelsauce
In zerlassener Kräuterbutter schwitzt man feingeschnittene Zwiebelwürfel, ohne daß sie Farbe nehmen. Nachdem sie glasig sind, löscht man sie mit etwas Estragonessig ab, gibt je zur Hälfte Tomaten- und braune Grundsauce hinzu und läßt das Ganze bündig verkochen. Die Sauce wird mit Zitronensaft sowie frisch gemahlenem Pfeffer abgeschmeckt und kommt unpassiert zur Anwendung.

Mailänder Sauce
Champignon- oder Steinpilzabgänge, feine Zwiebeln sowie etwas zerdrückter Knoblauch werden in Butter angeschwitzt und mit einer Tomatengrundsauce sowie mit einer Beigabe von Fleischglace zur richtigen Dicke eingekocht. Die Sauce ist dann durch ein Tuch zu passieren und mit Zitronensaft abzuschmecken. Zur benötigten Einlage werden rohe Champignons in feine Streifen geschnitten und in Butter und eigenem Saft fertiggemacht.

Russische Wildsauce
Die unter Wild-Pfeffersauce beschriebene Sauce wird mit einem Auszug von zerdrückten Wacholderbeeren und Südwein verkocht und im Anschluß daran durch ein Tuch passiert. Die Sauce wird mit Zitronensaft und schwarzem Pfeffer abgeschmeckt und mit einer Einlage von gerösteten Mandelsplittern sowie in etwas Wodka gequollenen Rosinen vollendet.

Braune Grundsaucen für Schlachtfleisch und Wild

Braune Senfsauce
In Butter angeschwitzte Zwiebeln werden mit einer Beigabe von Estragonessig zur Hälfte eingekocht und mit der nötigen braunen Grundsauce aufgefüllt. Beim Erreichen der nötigen Konsistenz wird die Sauce passiert und mit einer reichlichen Menge Senf, einer Prise Cayennepfeffer, Zucker und einigen Butterflocken abgeschmeckt und aufgeschlagen.

Warschauer Rosinensauce
Eine mit Essig, gebräuntem Zucker und Fleischglace gut verkochte braune Grundsauce wird nach dem Passieren süß-sauer abgeschmeckt und mit einer Einlage von gebrühten Korinthen, Rosinen und gestiftelten Mandeln versehen.

Römische Wildsauce
Kleingeschnittenes Wurzelwerk sowie ein Sträußchen Thymian, Lorbeerblatt, Essig und Zucker läßt man so lange einkochen, bis der Zucker karamelisiert. Dann löscht man mit Wildfond ab, gibt den entsprechenden Teil Wildgrundsauce hinzu und kocht das Ganze auf mäßigem Feuer bis zur benötigten Dicke ein. Nach dem Passieren erhält die Sauce eine Einlage von in Rotwein aufgekochten Rosinen und gerösteten Pinienkernen.

Rouenneser Entensauce
Die Bordeaux-Rotweinsauce ist mit dem entfetteten Bratensaft und brauner Grundsauce zu verkochen und wird, anstelle der Markwürfel, mit dem feinpassierten Püree von einigen Entenlebern versehen. Um ein unliebsames Gerinnen der Sauce zu vermeiden, darf sie nach der Zugabe der Leber nicht mehr zum Kochen kommen.

Wildgeflügelsauce
Kleingehackte Karkassen von beliebigem Wildgeflügel werden mit würfelig geschnittenen Zwiebeln, Karotten, Petersilienwurzeln, Sellerie, Champignon- oder Steinpilzabgängen sowie etwas Thymian in Butter angeröstet und mit Rotwein abgelöscht. Nach kurzem Einkochen füllt man mit Wildgrundsauce auf und verkocht das Ganze bis zur erforderlichen Konsistenz. Nach dem Passieren durch ein Tuch schärft man die Sauce mit Zitronensaft sowie einer Prise Cayennepfeffer und montiert sie mit einigen Butterflocken.

Tomaten-Estragonsauce

Kräftige Tomatengrundsauce kocht man mit Fleischglace sowie dem in Frage kommenden Bratenfond gut aus und passiert sie durch ein Tuch. Die Sauce ist danach mit Kräuterbutter aufzuschlagen und mit frisch gemahlenem Pfeffer und gehackten Estragonblättern abzuschmecken.

Braune Zwiebelsauce

Braune Grundsauce verkocht man mit gebundener Kalbsjus sowie etwas Paprikamark oder Paprikapulver zu einer schwach deckenden Konsistenz und passiert sie durch ein Tuch. Zum Schluß wird die Sauce mit feinem Zwiebelpüree und frischer Butter aufgezogen.

Zigeunersauce

Feingeschnittene Zwiebeln und geschnittene, ausgedrückte Tomaten werden in Butter gedünstet und dann mit Champignonfond, Weißwein und wenig Essig aufgefüllt. Die Flüssigkeit ist hiernach bis zur Hälfte einzukochen und mit brauner Grundsauce aufzufüllen. Nach viertelstündigem Kochen wird die Sauce passiert und ist mit in feine Streifen geschnittenem, magerem Kochschinken, Champignons, Pfeffergurken und Zunge zu vollenden.

Madeirasauce

Braune Grundsauce, gebundene Kalbsjus sowie etwas Fleischglace kocht man zunächst etwas ein, würzt das Ganze dann stark mit Madeira und kocht bis zur benötigten Dicke ein. Die passierte Sauce ist mit frischen Butterflocken aufzuschlagen.

Madeira-Kräutersauce

In Butter fast trocken gedünstete feine Zwiebelwürfel, ebensolche Champignons und feingehackte Kräuter werden unter vorstehende Sauce gemischt und mit einer Prise Cayennepfeffer abgeschmeckt.

Tomatenwürzsauce

Die Tomatengrundsauce wird mit einem Drittel braunem Kalbsfond, Senf und Estragonessig zur richtigen Dicke eingekocht und passiert. Zum Schluß vollendet man sie mit etwas dicker saurer Sahne, Kapern und in kleine Würfel geschnittenen Pfeffergurken.

Barbecuesauce
Feingeschnittene Zwiebeln, Knoblauch sowie Würfel von abgezogenen und ausgedrückten Tomaten läßt man etwas in Öl angehen, vermischt dies mit etwas Fleischglace, Ketchup, etwas Senf, Zukker, Estragonessig, geriebenem Meerrettich, einer Prise Cayennepfeffer sowie der gleichen Menge brauner Grundsauce. Nach zweimaligem Aufstoßen ist die Sauce gebrauchsfertig. Sie ist unpassiert eine ideale Zugabe zu allen einschlägigen Grillgerichten.

Burgfrauensauce
Braune Grundsauce verkocht man mit einem Drittel ihrer Menge gebundener Kalbsjus zur gewünschten Dicke ein und passiert sie durch ein Tuch. Die Sauce wird mit Salz, Pfeffer, Zitronensaft sowie Madeira gewürzt und ist mit Butter und flüssiger Fleischglace aufzuschlagen. Kleine geröstete Schinken- und Pfefferschotenwürfel sind die dazugehörende Einlage.

Portweinsauce
Hier handelt es sich um die gleiche Zubereitungsart, wie sie unter Madeirasauce beschrieben ist, anstelle des Gebrauchs von Madeira ist Portwein zu verwenden.

Garibaldisauce
Gebundene Kalbsjus und braune Grundsauce zu gleichen Teilen werden mit einer Spur geriebenem Knoblauch, Senf und etwas Rotwein zur gewünschten Konsistenz verkocht und passiert. Die Sauce ist zum Schluß mit etwas Cayennepfeffer und Zitronensaft zu schärfen und mit Sardellenbutter aufzuschlagen.

Gebundene Kalbsjus
Mehrmals reduzierte Deglaçagen, die man beim Braten von größeren Kalbfleischmengen erhält, füllt man in der benötigten Menge mit braunem Kalbsfond auf und läßt das Ganze bis auf zwei Drittel einkochen. Die Jus wird mit angerührtem Arrowroot oder mit Weizenpuder in der gewünschten Stärke gebunden und durch ein Tuch passiert.

Englische Nierensauce
Eine fertig zubereitete Madeirasauce versieht man zum Schluß mit kleinen Kalbsnierenwürfeln, die man in Butter mit feinen Zwiebeln und gehackter Petersilie rasch ansautiert hat.

Marengosauce
Eine fertiggestellte Jägersauce würzt man zusätzlich noch mit ein wenig zerriebenem Knoblauch und versetzt sie mit sautierten dünnen Champignonscheiben.

Reformsauce
Unter eine fertiggestellte Pfeffersauce gibt man eine Garnitur von Pfeffergurken, hartgekochtem Eiweiß, Zunge, Champignons und Trüffel, die alle in feine Julienne zu schneiden sind.

Paradisosauce
Eine Tomatengrundsauce wird mit einem Drittel in Weißwein gekochtem Apfelmus und etwas frischer Sahne verkocht und im Anschluß daran durch ein feines Sieb gestrichen. Die Sauce wird mit Salz, Pfeffer, einer Prise Zucker und Zitronensaft abgeschmeckt, mit etwas Butter aufgeschlagen und mit einer Einlage von blanchierter Zitronenjulienne versehen.

Rubinsauce
Eine kräftige Kalbsjus kocht man mit Wildglace und dem ausgepreßten Saft von Blutorangen fast zur Hälfte ein und bindet die Jus mit etwas Weizenpuder, das man mit rotem Portwein angerührt hat.

Teufelssauce
Einige zerdrückte Pfefferkörner und feingeschnittene Zwiebeln werden mit Rotwein und Essig zu zwei Drittel eingekocht und mit brauner Grundsauce sowie einer Beigabe von Tomatenmark zu einer deckenden Sauce verkocht. Die durch ein Tuch passierte Sauce ist mit Cayennepfeffer und Butter zu vollenden.

Wacholder-Rahmsauce
Kleingeschnittenes Wurzelwerk, kleingehackte Wildknochen sowie Wildabgänge, Speck- oder Schinkenschwarte und einige zerdrückte Wacholderbeeren werden in Butter angeröstet und mit Rotwein eingekocht. Das Ganze wird dann mit Wild-Grundsauce aufgefüllt und unter mehrmaligem Abschäumen etwa eine Stunde gekocht. Dann gibt man etwas dünn geschälte Zitronenschale und dicke Sahne hinzu und passiert die Sauce nach fünfzehnminütiger Kochzeit durch ein Tuch. Zum Schluß schmeckt man sie mit Zitronensaft, Salz, Pfeffer und etwas Gin ab und montiert sie mit frischer Butter.

Yorkshiresauce

Braune Grundsauce kocht man mit Kalbsjus, Portwein und Johannisbeergelee ein und würzt sie mit Salz, Zimt und Cayennepfeffer. Nach dem Passieren wird die Sauce mit etwas Butter aufgeschlagen und mit einer Einlage von in Portwein eingekochter Orangenschalen-Julienne versehen.

Im Handel befindliche Würzsaucen, mit deren Gebrauch man die Anzahl der verschiedensten Ableitungen um ein beträchtliches erweitern kann.

A-1-Sauce
Anchovy catchup
Anchovy Sauce
Bahama Sauce
Beefsteak Sauce
Begum chutney
Bengal chutney
Birdpepper Sauce
Challenge Pepper Sauce
Champignon Sauce
Chilli Colorado Sauce
Chilli Sauce
China Sauce
Chutney Sauce
Currysauce
Devonshire Sauce
Epicurean Sauce
Essens of shrimps
Essens of lobster
Essens of oysters
Green Peppersauce
Harvey Sauce
Indian mango chutney
India Soja Sauce
Japan Soja Sauce
John Bull Sauce
Lea and Perrin's Sauce

Leicestershire Sauce
Lobster Sauce
Madras chutney
Mint Sauce
Mixed pickles Sauce
Mushroom catchup
Oxford Sauce
Oyster catchup
Oyster Sauce
Piccadilli Sauce
Prince of Wales Sauce
Ravigote Sauce
Royal Table Sauce
Salad cream Sauce
Splendid Sauce
Soho Sauce
Sultana Sauce
Tabasco Sauce
Tomato Relish Sauce
Tit-Bits Sauce
Victoria Sauce
Walnut catchup
Newcastle Sauce
Windsor Sauce
Worcestershire Sauce
White pepper Sauce
Yorkshire Sauce

AUFGESCHLAGENE SAUCEN

Unter aufgeschlagenen Saucen versteht man solche, die mit einer geschmackstragenden Essig-, Wein- und Gewürzreduktion sowie Eigelben und Butter bestehen und keine Mehlbindung aufweisen. Typisch für diese Art Saucen sind die holländische Sauce sowie die Béarner Sauce, die auch die Grundlagen für eine ganze Reihe von Abwandlungen bilden, die untenstehend aufgeführt sind.

Die Béarner Sauce mit ihren Ableitungen

Zwei feingeschnittene Schalotten, 15 Gramm Estragon sowie einige grobzerdrückte Pfefferkörner werden mit $1/8$ Liter Weißwein und Estragonessig auf das Feuer gesetzt und bis zu einem Drittel eingekocht. Die verbleibende Reduktion siebt man in eine geeignete Kasserolle, gibt sechs Eigelbe hinzu und schlägt sie im Wasserbad schaumig. Am Herdrand gibt man nach und nach 500 Gramm flüssige Butter hinzu und zum Schluß zwei Eßlöffel kochendes Wasser. Vollendet wird die Sauce mit einem Mittellöffel gehacktem Kerbel sowie einem Teelöffel gehacktem Estragon und einer Prise Cayennepfeffer.

Choronsauce

Die vorschriftsmäßig aufgeschlagene Béarner Sauce wird anstelle der gehackten Kräutereinlage mit frischem, feinpassiertem Tomatenmark vollendet.

Foyotsauce

Die fertig zubereitete Béarner Sauce wird mit einer Beigabe von geschmolzener Fleischglace geschmacklich gehoben. In vielen Häusern ist diese Sauce auch unter dem Namen Valoissauce bekannt.

Aufgeschlagene Saucen

Arlesische Sauce
Die fertige Béarrner Sauce wird mit durchgestrichenem Sardellenmus sowie mit etwas Tomatenketchup gewürzt und ist mit Würfelchen von abgezogenen Tomaten zu versehen.

Französische Sauce
Die Béarner Sauce, die als Beigabe zu gegrilltem Fisch gegeben werden soll, wird mit geschmolzener Fischglace, Zitronensaft sowie mit etwas Tomatenpüree unterzogen und abgeschmeckt.

Magentasauce
Außer mit Kerbel und Estragon wird die Béarner Sauce noch zusätzlich mit gehackter Petersilie, einer Spur Knoblauch, Basilikum sowie mit Würfeln von abgezogenen Tomaten versehen.

Medicisauce
100 ccm Rotwein verkocht man mit einer kleinen Beigabe von Tomatenmark zu einer Reduktion, würzt diese mit einer Spur Knoblauch und zieht sie unter die fertiggestellte Béarner Sauce.

Pauer Sauce
Diese Sauce wird in der gleichen Weise wie die Béarner Sauce zubereitet, allerdings mit dem Unterschied, das anstelle des Estragons in der Reduktion frische Pfefferminze zu verwenden ist. Ebenso wird sie, statt mit Kerbel und Estragon, mit frischer grüner Pfefferminze vollendet.

Piccalillisauce
Nicht zu klein gehackte Piccalilligemüse erwärmt man mit wenig Weißwein und Fleischglace und zieht diese Mischung unter die fertiggestellte Béarner Sauce.

Rachelsauce
Béarner Sauce ist mit geschmolzener Fleischglace sowie mit geschmolzenen Tomaten zu vermischen.

Suwarowsauce
Béarner Sauce ist mit flüssiger Fleischglace und ein wenig Trüffelfond zu unterziehen und erhält eine Einlage von feingeschnittenen Trüffelwürfelchen.

Tiroler Sauce
Feingeschnittene Zwiebeln, gehackter Kerbel sowie Estragon werden mit Weißwein und Essig zur Hälfte eingekocht und mit sechs Eigelben und Tomatenpüree auf schwachem Feuer aufgeschlagen. Sie wird dann wie eine Béarner Sauce mit 250 Gramm flüssiger Butter und 250 Gramm Öl fertiggemacht und mit Zitronensaft, Salz und einer Prise Cayennepfeffer abgeschmeckt.

Triester Sauce
Die vorstehende Sauce ist mit feingehacktem Dill zu versehen und erhält eine reiche Einlage von halbierten Krevettenschwänzen.

Savorasauce
In wenig Schaumwein erwärmten Savorasenf zieht man mit einigen Tropfen Worcestershiresauce unter die Béarner Sauce.

Holländische Sauce mit ihren Ableitungen
Gleiche Teile von Wasser und Weißwein läßt man mit etwas frisch gemahlenem weißem Pfeffer bis zu einem Drittel einkochen, gibt zu dieser Reduktion acht Eigelbe und schlägt das Ganze im Wasserbad dick und schaumig. Am Herdrand rührt man dann nach und nach 750 Gramm zerlassene Butter darunter und würzt sie mit Salz, Zitronensaft sowie einer Prise Cayennepfeffer. Zum Schluß unterzieht man die Sauce mit ganz wenig kochendem Wasser.

See-Igel-Schaumsauce zu pochiertem Lachs und Lachsforelle
Für die Herstellung der See-Igel-Schaumsauce wird die gleiche Vorbereitung getroffen, wie dies bei der Bereitung der Sauce hollandaise der Fall ist. Der Unterschied besteht darin, daß anstelle der sonst üblichen Reduktion das cremige und feinpassierte Innere der See-Igel verwendet wird.
Das Püree wie auch die gleiche Menge roher Eigelbe werden mit etwas Noilly Prat im Wasserbad aufgeschlagen, mit der zerlassenen Butter unterzogen und mit Zitronensaft sowie einer Spur Cayennepfeffer geschärft. Die leicht rötlich getönte Sauce wird vor dem Service mit etwas geschlagener Sahne unterzogen.

Algiersauce
Eine kleine Menge englisches Senfpulver verrührt man mit etwas Zitronensaft und Weißwein, läßt es einige Minuten im heißen Wasserbad quellen und zieht es unter die fertige holländische Sauce.

Aufgeschlagene Saucen 69

Alicantesauce
Die holländische Sauce ist mit wenig Kabulsauce abzuschmecken und wird mit gehacktem Kerbel vollendet.

Bayerische Sauce
Beim Aufschlagen der holländischen Sauce ist ein Drittel der Buttermenge durch Krebsbutter zu ersetzen und mit etwas geschlagener Sahne zu unterziehen. Des weiteren erhält sie eine Einlage von kleinen halbierten Krebsschwänzen.

Chantillysauce
Zwei Teile holländische Sauce unterzieht man mit einem Teil geschlagener, ungesüßter Sahne.

Casanovasauce
Austernwasser und Champignonfond zu gleichen Teilen verkocht man mit frisch gemahlenem Pfeffer zu einer Reduktion, mit der man in der üblichen Weise mit Eigelb und Butter eine holländische Sauce aufschlägt. Die Sauce bekommt des weiteren eine Einlage von gewürfelten Champignons sowie pochierten und entbarteten Austern.

Krevettenschaumsauce
Die holländische Sauce wird mit einer Beigabe von Champignonessenz aufgeschlagen, und ebenso wird ein Viertel der Butter durch Krevettenbutter ersetzt. Zum Service wird die Sauce mit ungesüßter Schlagsahne unterzogen.

Eiersauce
Die fertig zubereitete holländische Sauce wird mit gehackten Eiern sowie mit feingeschnittenem Schnittlauch vermischt.

Holländische Haselnußsauce
Die Sauce wird mit hellbraun gerösteten und gehackten Haselnüssen vollendet.

Holländische Doppelrahmsauce
Die Sauce wird mit wenig Zitronensaft sowie mit dicker saurer Sahne oder Crème double unterzogen und mit einer Prise Cayennepfeffer gewürzt.

Kaviarsauce
Die holländische Sauce ist mit Zitronensaft zu würzen und im Augenblick des Service mit der gewünschten Kaviarmenge zu vermischen.

Lombardische Sauce
Die fertiggestellte holländische Sauce wird zum Schluß mit nicht zu heißem Champignonpüree sowie mit feingehackter Petersilie vollendet.

Malteser Sauce
Die aufgeschlagene holländische Sauce wird mit dem ausgepreßten Saft von Blutorangen sowie dem Abgeriebenen von unbehandelter Orangenschale fertiggemacht.

Muschelsauce
Bei der Zubereitung der holländischen Sauce ersetzt man die Reduktion durch eingekochten Muschelfond und vollendet die Sauce nach dem Aufschlagen mit entbarteten Muscheln.

Melbasauce
Sehr fein geschnittene Zwiebelwürfel kocht man mit Chablis fast ganz ein und verrührt sie mit möglichst frisch zubereitetem Tomatenmark. Diese Mischung muß abgekühlt sein, bevor man sie unter die fertige holländische Sauce gibt.

Noilly-Prat-Sauce
150 ccm Noilly Prat, fünf zerdrückte Pfefferkörner sowie zwei Eßlöffel feingeschnittene Zwiebeln läßt man auf flottem Feuer fast gänzlich reduzieren und fügt dann einen Eßlöffel flüssige Fleischglace hinzu. Diese Reduktion schlägt man dann mit sechs Eigelben sowie mit 500 Gramm flüssiger Butter wie eine holländische Sauce auf, würzt sie mit Salz, Pfeffer sowie Zitronensaft und drückt sie im Anschluß daran durch das Passiertuch.

Pfeffersauce
Einige zerdrückte Pfefferkörner, etwas feine Zwiebeln sowie je zur Hälfte Weißwein und Champignonfond werden auf ein Drittel ihrer Menge eingekocht und durch ein Siebchen passiert. In die abgekühlte Reduktion gibt man einige Eigelbe, die mit Butter in der üblichen Art wie eine holländische Sauce aufgeschlagen werden. Zum Abschluß wird die Sauce mit Zitronensaft sowie mit gestoßenem schwarzem Pfeffer fertiggemacht. Der Pfeffer sollte nicht zu grob, aber doch sichtbar sein.

Aufgeschlagene Saucen

Portweinschaumsauce
Ein viertel Liter Sahne, ein achtel Liter roter oder weißer Portwein, eine Spur Knoblauch und Sardellenpaste werden mit zwei ganzen Eiern sowie zwei Eigelben im Wasserbad recht schaumig geschlagen und zum Schluß mit 80 Gramm Butter montiert.

Sardellen-Zwiebel-Sauce
In etwas Weißwein weichgedünstete Zwiebeln verrührt man mit Sardellenpaste und mischt sie unter die aufgeschlagene holländische Sauce.

Trianonsauce
Dünne Zwiebel- und Karottenscheiben dünstet man mit etwas Butter und Champignonfond weich, läßt sie ein wenig abkühlen und passiert sie anschließend durch ein feinmaschiges Sieb. Die fertige holländische Sauce wird mit diesem Püree unterzogen und erhält des weiteren eine Einlage von kleinen Würfeln von Pfeffergurken, gedünsteten Champignons sowie roten Pfefferschoten.

Weißweinsauce zu pochiertem und gedünstetem Fisch
Von Fischfond, Weißwein sowie einigen zerdrückten Pfefferkörnern kocht man eine Reduktion bis auf ein Drittel ihres ursprünglichen Volumens, läßt sie abkühlen und schlägt sie mit rohen Eigelben in der gewohnten Art wie eine holländische Sauce auf. Nach dem Montieren mit der nach und nach dazugegebenen flüssigen Butter drückt man die Sauce durch das Passiertuch und vollendet sie zum Schluß mit dem eingekochten und durch ein Siebchen gegebenen Fond des zubereiteten Fisches.

Weiße Butter zu gekochten und pochierten Fischgerichten
Von 10 Gramm zerdrücktem weißem Pfeffer, 10 Gramm feingeschnittenen Zwiebeln, 50 ccm feinem weißem Weinessig sowie 50 ccm Wasser wird eine Reduktion gekocht, die man so lange einkochen läßt, bis ein leicht schleimiger Effekt eintritt. Diese Reduktion wird vorsichtig durch ein feines Sieb in ein anderes, etwa auf 30 Grad Celsius erwärmtes Geschirr gedrückt und mit 300 Gramm weicher Butter, die man nach und nach dazugibt, aufmontiert. Die Temperatur darf dabei während des ganzen Vorganges nicht unter 30 Grad Celsius und nicht über 35 Grad Celsius betragen.

KALTE GRUNDSAUCEN

Die wichtigsten und gebräuchlichsten kalten Grundsaucen sind:

a) die Mayonnaise = Ölsauce
b) die Vinaigrettesauce = Essig-Kräutersauce
c) die kalten Spezialsaucen = selbständige Saucen

Die Herstellung der Mayonnaise ist verhältnismäßig einfach, sie verlangt allerdings bei der Zubereitung eine gewisse Sorgfalt, die nicht außer acht gelassen werden sollte. Sämtliche Zutaten müssen auf Zimmertemperatur gehalten werden und dürfen niemals zu kalt sein. Völlig verkehrt wäre es deshalb, wenn man sie auf Eis aufrühren wollte, denn durch die zu starke Kälte erstarrt das Öl und bindet sich nur schlecht oder gar nicht mit den übrigen Zutaten. Ferner ist jede Mayonnaise, die aufgrund ihrer vielen Abwandlungsmöglichkeiten und Verwendungszwecke als Universalsauce zu bezeichnen ist, von der Güte des verwendeten Öls abhängig. Ebenso ist die Frage des Essigs nicht unwichtig. Am besten eignet sich milder Wein- oder Estragonessig sowie an deren Stelle die Beigabe von Zitronensaft. Für jeden Liter fertiger Mayonnaise benötigt man:

6 Eigelb,
1 Liter Öl,
20 ccm Essig oder Zitronensaft,
Salz,
eine Prise Pfeffer,
einen Eßlöffel Senf.

Kalte Grundsaucen

Eigelbe, Salz, Senf, Pfeffer, Essig oder Zitronensaft werden in einem handwarmen Geschirr vermischt und mit dem temperierten Öl, das man zunächst tropfenweise und später in einem dünnen Strahl dazugibt, so verrührt, daß sich die Mayonnaise in der gewünschten Konsistenz bildet. Zur Förderung der Bindung und zur Ausschaltung des Gerinnens gibt man zum Schluß etwa 30 ccm kochendes Wasser und gegebenenfalls noch etwas Säure dazu. Gerinnt die Mayonnaise trotzdem, so sind die Fehlerquellen entweder zu schnell dazugegebenes Öl, eine zu kalte Temperatur oder, im Verhältnis zur Ölmenge, eine zu geringe Beigabe von Eigelb.

Da die fertige Mayonnaise meist eine zu feste Konsistenz aufweist, muß sie, gleichgültig ob zur Sauce oder zum Binden von Salaten, etwas verdünnt werden. Gebraucht man sie dagegen zu kleinen Aspiks oder zu Salaten, die gestürzt werden sollen, so vermischt man sie mit neutral abgeschmecktem, flüssigem Aspik.

Kalte Saucen auf der Basis von Mayonnaise sowie Würzsaucen
Neben den bekanntesten Ableitungen wie Remoulade, Gribiche- und Tatarensauce – die beiden letzteren werden zwar nicht mit rohen Eigelben, sondern mit hartgekochten, durch ein Sieb gestrichenen Eigelben und Öl bereitet – gibt es eine beachtliche Menge anderer Abwandlungen, die aber durchaus geeignet sind, willkommene Abwechslung in das Angebot zu bringen. Auf der Speisekarte sollten diese Abwandlungen dann nicht als Mayonnaise bezeichnet, sondern als Saucen aufgeführt werden.

Admiralssauce
Unter fertige Mayonnaise mischt man feinpürierte Teile von Hummer-, Krebs- oder Langustenfleisch und – wenn vorhanden – einen kleinen Teil Hummercorail. Die Sauce wird mit einer Prise Cayennepfeffer abgeschmeckt und mit einer Beigabe von gehacktem Kerbel, Estragon sowie mit ungesüßter, geschlagener Sahne vollendet.

Algerische Sauce
Eine fertige Mayonnaise wird mit kleinen, gekochten Selleriewürfelchen sowie mit halbierten Krebsschwänzen vermischt, mit einem Zusatz von etwas Weißwein verdünnt und mit einer Spur Cayennepfeffer abgeschmeckt.

Andalusische Sauce
Die mit ein wenig Roséwein und Tomatenketchup verdünnte Mayonnaise erhält eine Einlage von kleinwürfelig geschnittenen roten Pfefferschoten, die man zuvor kurz gebrüht und wieder kalt gemacht hat. Diese Sauce ist eine ausgezeichnete Beigabe zu jeder Art von Krustentieren.

Chantillysauce
Eine zur mittelfesten Konsistenz verdünnte Mayonnaise wird mit Zitronensaft sowie einer Spur Cayennepfeffer geschärft und kurz vor dem Anrichten durch das Unterziehen von ungesüßter Sahne vollendet.

Gribichesauce
Zu einigen rohen Eigelben passiert man die gleiche Menge hartgekochte Eigelbe nebst einigen passierten Sardellenfilets und rührt das Ganze wie vorstehend zu einer Mayonnaise. Man würzt sie mit Essig, Cayennepfeffer und Senf und vollendet sie mit feingeschnittenem Schnittlauch, gehackter Petersilie und Kapern.

Gloucestersauce
Fertige Mayonnaise verrührt man mit feingehacktem, zuvor blanchiertem Fenchelgrün, saurer Sahne sowie mit weichgedünsteten, gut ausgekühlten Würfelchen der Fenchelknolle. Die Sauce wird zusätzlich mit Senf, Cayennepfeffer sowie Worcestershiresauce gewürzt und bildet eine harmonische Zugabe zu gesottenem kaltem oder warmem Ochsenfleisch.

Schnittlauchsauce
Etwa zehn hartgekochte Eigelbe werden mit der gleichen Gewichtsmenge abgerindetem und in Wasser geweichtem Weißbrot durch ein Sieb passiert und mit fünf rohen Eigelben, Salz, Pfeffer, etwas gutem Weinessig sowie mit dreiviertel Liter Öl wie eine Mayonnaise aufgerührt. Zum Schluß gibt man eine reichliche Menge feingeschnittenen Schnittlauch sowie das feingehackte Eiweiß darunter.

Polnische Senfsauce
Orangen- und Zitronensaft vermischt man mit Senf, Pfeffer sowie einer Prise Zucker und rührt das Ganze mit Mayonnaise und etwas flüssiger Sahne zu einer mittelfesten Sauce auf. Als Einlage gibt man in die Sauce kleine Würfel von festgekochtem Johannisbeergelee.

Spreewälder Sauce
Zu einer fertigen Mayonnaise gibt man eine gute Menge feingeschnittenen Dill und vervollständigt sie mit einer Beigabe von dikker saurer Sahne.

Schwedische Apfel-Meerrettich-Sauce
Unter drei Teile Mayonnaise rührt man einen Teil festes Apfelmus sowie frisch geriebenen Meerrettich und etwas Orangensaft. Man würzt die Sauce mit Worcestershiresauce sowie einer Spur Paprika und zieht zum Schluß noch feinste Streifen von gebrühter Orangenschale darunter. Die Sauce eignet sich besonders zu kaltem Geflügel und Fleisch, aber ebenso zu kalten Wildgerichten.

Genueser Sauce
Hartgekochte Eigelbe streicht man durch ein Sieb und vermischt sie mit einem Kräuterpüree, das man sich von Petersilie, Schnittlauch, Kerbel und Estragon bereitet hat. Diese Eier-Kräuter-Mischung rührt man mit Öl auf, würzt sie mit Salz, weißem Pfeffer sowie Zitronensaft und versieht die Sauce zum Schluß mit feingehackten Mandeln und Pistazien.

Raifortsauce
Unter eine dünner gemachte Mayonnaise zieht man eine entsprechend gewünschte Menge von frisch geriebenem Meerrettich und schmeckt sie mit Zitronensaft sowie einer Prise Zucker ab.

Ravigotesauce
Geschnittene Zwiebeln, Petersilie, Estragon und Kapern werden sehr fein gehackt und mit etwas Sauerrahm und Mayonnaise zu einer dicken Sauce verrührt.

Remouladensauce
Feingehackte Pfeffergurken, Kapern, Sardellen und Petersilie sowie eine kleine Menge des Gurkenfonds mischt man unter eine feste Mayonnaise. Sie ist die übliche Beigabe zu gebackenem Fisch und gebackenem Fleisch.

Tatarensauce
Unter eine fertige Mayonnaise gibt man eine reichliche Menge hartgekochter, gehackter Eier sowie feingeschnittenes Zwiebelgrün und Schnittlauch. Die Beigabe von Zwiebeln empfiehlt sich nur dann, wenn die Sauce bald zum Verbrauch kommt.

Tiroler Sauce
Unter eine fertig zubereitete Tatarensauce gibt man etwas Tomatenketchup und vervollständigt die Sauce mit einer reichen Einlage von Tomatenwürfeln.

Grüne Sauce
Junge Spinatblätter, Sauerampfer, Kresse, Petersilie und Estragon läßt man im Mixer so fein wie möglich pürieren und streicht das Ganze dann durch ein feines Sieb. Die erhaltene Paste zieht man unter die Mayonnaise, die dann mit einer Prise Cayennepfeffer und einigen Spritzern Zitronensaft abzuschmecken ist.

Frankfurter Grüne Sauce
Der Unterschied zur vorstehenden Sauce besteht in einem erhöhten Anteil an frischem Basilikum sowie in der Zubereitung, da diese Sauce mit gekochtem, passiertem Eigelb und Öl aufzurühren ist. Sie soll die Konsistenz einer weichen Remouladensauce haben.

Knoblauchsauce (Aïoli)
Zu fünf Eigelben, Salz, Pfeffer sowie etwas Zitronensaft gibt man fünf durch ein feines Sieb gestrichene Knoblauchzehen und rührt nach und nach 500 Gramm Öl hinzu. Zum Schluß vollendet man sie mit etwas kochendheißem Wasser.

Kalte Grundsaucen

Mexikanische Sauce
Eine mit Sardellenpaste versehene Mayonnaise wird mit kurz blanchierten und erkalteten Würfelchen von roten und grünen Pfefferschoten unterzogen sowie mit einer Prise Cayennepfeffer oder einigen Tropfen Tabascosauce abgeschmeckt.

Hobokener Sauce
Bei der Zubereitung dieser Sauce verrührt man die Mayonnaise mit Tomatenketchup und Grapefruitsaft, würzt sie mit etwas Cayennepfeffer und versieht sie mit feingeschnittenem Schnittlauch.

Westminstersauce
Feingehackte Senfpickles (Piccalillis) zieht man mit etwas Rahm unter die Mayonnaise und bringt sie mit einer Beigabe von Worcestershiresauce zur gewünschten Konsistenz.

Irische Lachssauce
Drei Teile Räucherlachsabschnitte sowie ein Teil gut gewässerte Sardellenfilets hackt man recht fein und streicht sie im Anschluß daran durch ein feines Sieb. Die erhaltene Paste vermischt man mit etwas flüssiger Sahne und vermischt sie mit Mayonnaise. Die pikant abzuschmeckende Sauce ist mit Würfeln von hartgesottenem Eiweiß zu vervollständigen.

Schwäbische Hägenmarksauce
Feinpassiertes Hagebuttenmark verdünnt man mit etwas Apfelwein und zieht es unter eine fertiggestellte Mayonnaise. Die Sauce wird mit Paprika, Zitronensaft sowie mit etwas Calvados und Worcestershiresauce abgeschmeckt. Sie eignet sich besonders gut zu kaltem Wildbraten.

Indische Sauce
Die fertige Mayonnaise verrührt man nach Geschmack mit Currypaste sowie mit etwas Tomatenketchup und vervollständigt sie mit etwas gehacktem Mango-Chutney. Sollte die Sauce zu dick sein, bringt man sie mit etwas Ananassaft zur gewünschten Konsistenz.

Musketiersauce
Eine gute Menge recht fein geschnittene Schalottenzwiebeln setzt man mit einer Beigabe von Weißwein aufs Feuer und reduziert das Ganze so lange, bis es fast trocken ist. Gut ausgekühlt, zieht man die Zwiebeln sowie feingeschnittenen Schnittlauch unter die Mayonnaise, die noch mit Zitronensaft und einer Prise Cayennepfeffer zu schärfen ist.

Trianonsauce
Ein fertig bereitetes weißes Zwiebelpüree vermischt man mit einer kleinen Menge Tomatenmark, läßt es gut auskühlen und vermischt die Masse mit Mayonnaise. Vollendet wird die Sauce mit Würfelchen von roten Pfefferschoten und Pfeffergurken.

Valentinesauce
Die fertige Mayonnaise wird zusätzlich mit Dijoner Senf gewürzt und mit frisch geriebenem Meerrettich sowie mit gehacktem Estragon vervollständigt.

Verdisauce
Gut abgetropfte Essiggemüse (Mixed Pickles) sowie frischer Kerbel werden fein gehackt und unter eine Mayonnaise gezogen, die mit einer Beigabe von Spinatmatte leicht grün zu färben ist.

Epikureersauce
Geschälte und entkernte Gurken werden fein püriert und in einem Tuch ein wenig ausgedrückt. Dieses Püree vermischt man mit gehacktem Mango-Chutney sowie Sardellenpaste und verrührt diese Mischung mit Mayonnaise.

Moskauer Sauce
In eine würzig abgeschmeckte Mayonnaise gibt man kleinwürfelig geschnittenes Hummer- oder Langustenfleisch und unterzieht sie des weiteren mit recht körnig fallendem Kaviar.

Sardellensauce
Eine mit Cayennepfeffer und einer Spur feingeriebenem Knoblauch abgeschmeckte Mayonnaise vervollständigt man mit feinen Würfeln von gekochtem Schinken und grünen Pfefferschoten.

Kalte Grundsaucen

Kaukasische Sauce
Geschälte und gut ausgedrückte Tomaten werden mit Salz sowie einer Prise Zucker gewürzt, mit Weißwein benetzt und in Öl am Herdrand so lange geschmolzen, bis sie fast trocken sind. Die so vorbereiteten Tomaten drückt man durch ein feines Sieb, läßt sie auskühlen und gibt sie zusammen mit geriebenem Meerrettich unter die Mayonnaise.

Mireillesauce
Reife, weiche Tomaten werden in Öl flott angedünstet, mit Salz, Pfeffer sowie Knoblauch gewürzt und durch ein Sieb gestrichen. Das erhaltene Mark gibt man auf ein gespanntes Tuch, damit alle noch vorhandene Flüssigkeit abläuft. Das übriggebliebene dicke Tomatenpüree rührt man später mit etwas Essig und einer entsprechenden Menge Öl zu einer Sauce auf, die die Konsistenz einer leichten Mayonnaise haben sollte. Diese Sauce ist eine vorzügliche Ergänzung zu kaltem Fisch, neuen Matjesfilets und kaltem Geflügel.

Schwetzinger Spargelsauce
Drei Teile fertige Mayonnaise werden mit einem Teil durchgestrichenem Spargelpüree vermischt, mit Zitronensaft geschärft und mit gehackter Petersilie und Kerbel vervollständigt.

Kalbshirnsauce
Das gewässerte und gut gesäuberte Kalbshirn wird in Essigwasser gesotten und im abgekühlten Zustand durch ein Sieb passiert. Diese Masse zieht man unter Mayonnaise und schmeckt sie mit Salz, Pfeffer sowie gehackter Petersilie ab.

Kirgisensauce
Eine fertige Remouladensauce wird mit geriebenem Meerrettich gemischt und mit Senf sowie Cayennepfeffer vervollständigt.

Malteser Sauce
Dicke Mayonnaise wird mit frisch gepreßtem Blutorangensaft auf die gewünschte Konsistenz gebracht und erhält eine Einlage von feingeschnittenen, blanchierten Streifen von Orangenschale.

Rubinsauce
Die Sauce besteht aus gleichen Mengen dicker Mayonnaise und Mireillesauce, die gut zu vermischen sind; sie ist mit Zitronensaft und einer Spur Cayennepfeffer zu schärfen.

Mandelsauce
Feingestoßene und durch ein Sieb gestrichene Mandeln werden mit ebensolchen hartgekochten Eigelben, Essig, geriebenem Meerrettich sowie Öl wie eine Mayonnaise aufgerührt und mit Salz und einer Prise Cayennepfeffer abgeschmeckt.

Kalte Teufelssauce
Eine fertige Mayonnaise vermischt man mit feingeschnittenen Zwiebeln, Senf, Paprika, Salz, Zitronensaft sowie einer Prise Zukker, gibt eine Prise Cayennepfeffer oder einige Tropfen Tabascosauce dazu und verrührt sie mit Rotwein zur gewünschten Konsistenz.

Mayonnaise-Specksauce
Gut ausgebratene Magerspeck- und Zwiebelwürfel gibt man zum Erkalten auf ein Sieb und verrührt sie zum Schluß mit einer fertigen Mayonnaise sowie mit etwas feinpassiertem Quark und frisch gemahlenem schwarzem Pfeffer zu einer dickflüssigen Sauce.

Katalanische Sauce
Feingehackter, gekochter Schinken wird mit der doppelten Menge Mayonnaise verrührt und mit feinen roten Pfefferschotenwürfeln sowie mit blanchiertem und zerriebenem Knoblauch vollendet.

Hamburger Mayonnaisesauce
Hartgekochte Eigelbe werden unter Beigabe von Senf, Salz, Cayennepfeffer, Essig, abgeriebener Zitronenschale, einer Prise Zukker sowie Öl wie eine Mayonnaise aufgerührt und zum Schluß mit Madeira zur gewünschten Konsistenz fertiggemacht.

Rote Mayonnaisesauce
Hummercorail und Hummereier werden mit ein wenig Senf und Essig fein gestoßen und im Anschluß daran durch ein feines Sieb gestrichen. Die erhaltene Paste vermischt man mit fertiger Mayonnaise und schmeckt sie mit Cayennepfeffer sowie mit etwas Weinbrand ab.

Rettich-Mayonnaisesauce
Der Rettich wird geschält, fein geraffelt, gesalzen und nach einiger Zeit in einem Tuch ausgedrückt. Der so präparierte Rettich wird unter die doppelte Menge Mayonnaise gemischt und mit einer Beigabe von Sauerrahm und Essig zur gewünschten Konsistenz gebracht.

Kalte Grundsaucen

Englische Apfel-Meerrettich-Sauce
Frisch gekochtes, festes Apfelmus wird mit feingeriebenem Meerrettich vermischt und mit Orangensaft zur richtigen Konsistenz gebracht.

Englische Fischsauce
Feingehackte Sardellen vermischt man mit in Öl glasig gedünsteten, feingeschnittenen Zwiebeln sowie mit Portwein und vollendet die Sauce mit frisch gehackten Kräutern, Zitronensaft und einigen grünen Pfefferkörnern.

Alexandrasauce
Hartgekochte und durch ein Sieb passierte Eigelbe verrührt man mit Savorasenf und Öl wie eine Mayonnaise und vollendet sie zum Schluß mit feingehacktem Kerbel.

Antiber Sauce
Fertige Mayonnaise vermischt man mit Sardellenpaste und Tomatenketchup und würzt sie mit schwarzem Pfeffer sowie gehacktem Estragon.

Apfel-Meerrettich-Sauce nach Wiener Art
Geschälte Äpfel reibt man auf dem Reibeisen, würzt sie mit ein wenig Weißwein, Salz, Essig sowie Zucker und vermischt sie mit der gleichen Menge geriebenem Meerrettich.

Apfel-Meerrettich-Sauce nach amerikanischer Art
Feingeriebenen Meerrettich würzt man mit Zitronensaft, einer Prise Salz sowie Cayennepfeffer und unterzieht ihn mit der gleichen Menge schwach gesüßtem Apfelmus.

Castellasauce
Fertige Mayonnaise macht man mit etwas Sherry geschmeidiger und versieht sie mit grobgehacktem, gekochtem Eigelb, feinen Trüffelwürfelchen sowie gehackter Petersilie.

Elsässische Hirnsauce
Pochiertes und erkaltetes Kalbshirn wird mit gedämpften Zwiebeln im Mixer püriert und anschließend durch ein feines Sieb passiert. Das Hirnpüree ist dann nach und nach mit Öl, ähnlich einer Mayonnaise, aufzurühren und mit Salz, Pfeffer, Essig, Senf sowie Zitronensaft abzuschmecken.

Kalifornische Sauce
Recht feste Mayonnaise vermischt man mit Worcestershiresauce, Tomatenketchup, Paprikamark, Tabasco, Zitronensaft und unterzieht das Ganze mit dicker saurer Sahne zur gewünschten Konsistenz.

Türkische Knoblauchsauce
Kurz blanchierter Knoblauch wird mit einigen hartgekochten Eigelben sowie mit abgerindetem, in Milch geweichtem Weißbrot im Mixer püriert und im Anschluß daran durch ein Sieb gestrichen. Das Püree wird dann mit Öl wie eine Mayonnaise aufgerührt und mit Salz und Essig gewürzt.

Österreichische Mandel-Meerrettich-Sauce
80 Gramm abgezogene und feingeriebene Mandeln vermischt man mit 160 Gramm frisch geriebenem Meerrettich sowie mit vier Eigelben und rührt das Ganze mit einem halben Liter Öl zu einer Mayonnaise auf, die mit Salz, einer Prise Zucker sowie mit Essig abzuschmecken ist.

Marseiller Mayonnaisesauce
Der mit einer Prise Cayennepfeffer abgeschmeckten Mayonnaise unterzieht man etwas Weißwein sowie das feinpürierte Mark von Oursin (Seeigel).

Hamburger Sauce
Die Mayonnaise wird mit Senf und geriebener Zitronenschale abgeschmeckt und mit Madeira zur gewünschten Konsistenz verrührt.

Mayonnaise-Schaumsauce
Die fertige Mayonnaise wird zusätzlich mit etwas Estragonessig und einem Drittel der Mayonnaisemenge kaltem, aber noch flüssigem Weinaspik vermischt und mit dem Schneebesen schaumig geschlagen.

Meerrettichsahne
Ungesüßte, geschlagene Sahne vermischt man mit feingeriebenem Meerrettich und schmeckt sie mit Salz, einer Prise Zucker, Paprika und Essig ab.

Kalte Grundsaucen

Gefrosteter Orangenmeerrettich
Den geriebenen Meerrettich versetzt man mit Orangensaft und dem Abgeriebenen der Orangenschale, würzt ihn leicht mit Salz, einer Prise Zucker sowie weißem Pfeffer und hebt das Ganze unter ungesüßte und aufgeschlagene Sahne. Die Masse füllt man in mit Pergamentpapier ausgelegte Formen, die man zum Gefrieren in den Tiefkühlschrank gibt.

Gefrosteter Preiselbeermeerrettich
Die Zubereitung ist die gleiche wie vorstehend, wobei man den Orangensaft sowie das Orangenabgeriebene durch die entsprechende Menge Preiselbeerkompott ersetzt.

Teufelssauce, kalt
Der fertigen Mayonnaise werden gedünstete Zwiebeln, Senf, Paprika, Salz, Zitronensaft sowie eine Prise Zucker unterzogen; sie wird mit Rotwein zur gewünschten Konsistenz verrührt.

Genueser Sauce
Gehackte Petersilie, Pimpernelle, Kerbel, Estragon und Schnittlauch preßt man in einem Tuch aus, so daß man den Saft erhält. Des weiteren hackt man Pistazien- und Pinienkerne nicht zu fein und gibt sie mit dem Kräutersaft sowie einer Spur Cayennepfeffer unter die fertiggestellte Mayonnaise.

Vincentsauce
Fertige Mayonnaise ist mit recht grünem, feinpassiertem Kräuterpüree zu unterziehen und mit Worcestershiresauce pikant abzuschmecken.

Hessischer Meerrettichrahm
Feingeriebener, frischer Meerrettich wird mit Salz, Zucker, frisch gemahlenem Pfeffer sowie mit geriebener, weißer Brotkrume vermischt und unter Beigabe von dicker saurer Sahne aufgerührt.

Kalte indische Sauce
Zwei große, mürbe Äpfel werden geschält, vom Kerngehäuse befreit und in kleine Würfel geschnitten. In der gleichen Weise präpariert man eine Zwiebel, eine geschälte, entkernte Gurke, abgezogene, entkernte Tomaten und einige grüne Pfefferschoten. Das Ganze verrührt man mit mildem Weinessig, Currypaste, Öl und etwas dickem Sauerrahm zu einer würzigen Sauce.

Spanische Gurkensauce

Feingewürfelte Zwiebeln sowie eine reiche Menge von frischen Gurkenwürfeln benetzt man zunächst mit kaltem Wasser und gibt sie nach etwa zehn Minuten auf ein Sieb zum Abtropfen. Man vermischt sie dann mit roten und grünen Pfefferschotenwürfeln, würzt mit Salz, Cayennepfeffer, einer Prise Zucker sowie frischgehacktem Dill und versetzt das Ganze mit Weißwein, Essig und Öl ähnlich einer Vinaigrettesauce.

Basilikumcreme zu Terrinen von Fisch und Krustentieren

Vier abgezogene und entkernte Tomaten werden in feine Würfel geschnitten, mit Salz, Pfeffermühle wie auch drei Bund feingehacktem Basilikum vermischt. Diese Mischung stellt man für etwa eine Stunde zur Seite und vollendet sie nach dieser Zeit mit der Beigabe von 200 Gramm Joghurt, zwei Eßlöffeln Zitronenmayonnaise und einem viertel Liter Sahne.

Sauce zum Gravad Laks

50 m^3 Beizflüssigkeit, die bei der Herstellung des Gravad Laks anfällt, passiert man durch ein feines Siebchen, verrührt sie mit 300 Gramm mittelscharfem Senf, 300 Gramm Mayonnaise, etwas Zuckersirup, 50 Gramm Öl und feingehacktem Dill zu einer süßlich würzigen Sauce.

Kalte Hagebuttensauce, eine Alternative zur Cumberlandsauce

500 Gramm Hagebuttenmark und 120 Gramm Apfelfriate (ein eingedickter Apfelsirup, beide Komponenten sind im Reformhaus erhältlich) verrührt man mit Zitronensaft, blanchierter Zitronenzeste und 100 Gramm Dijoner Senf zur pikanten Sauce.

Kalte Joghurtsauce mit Orangenspalten und rosa Pfefferkörnern zu kalten Fisch- oder Fleischspeisen

300 Gramm Joghurt verrührt man mit 50 Gramm Walnußöl, zwei Eßlöffeln Zitronensaft, 100 Gramm Salatmayonnaise, feingehacktem Rosmarin und Petersilie, würzt mit Salz und Pfeffermühle und unterzieht die Sauce zum Schluß mit einigen Pfefferkörnern sowie mit gut abgetropften Orangenspalten, die man aus den Bindehäuten von zwei Orangen geschnitten hat.

BUTTERMISCHUNGEN

Die verschiedensten hier aufgeführten Buttermischungen sind nicht nur unerläßliche Beigaben zu Fleisch oder Fisch, die auf dem Grill zubereitet werden, sondern sie gehören auch sehr oft als geschmackliche Ergänzungen und zum Aufmontieren von warmen Saucen zum Repertoire der Küche.
Die Sorten, zu deren Verwendung man sich hauptsächlich entschließt, sollten stets in entsprechenden Mengen auf Vorrat gehalten werden. Sie werden zu Rollen geformt, in nasses Pergamentpapier eingeschlagen und sind so bei kühler Lagerung eine ganze Zeit haltbar.

Brabanter Butter
Feingewiegte Sardellen, Kapern, Kerbel, Estragon und Petersilie gibt man mit einer Beigabe von französischem Senf unter leicht schaumig gerührte Butter.

Bercybutter
Feingeschnittene Zwiebeln werden in Weißwein gedämpft und abgekühlt unter weiche Butter gerührt. Die Butter ist dann mit frisch gemahlenem Pfeffer, Zitronensaft und einer Spur Cayennepfeffer abzuschmecken und mit einer reichen Menge kleinwürfelig geschnittenem, gebrühtem Ochsenmark zu vervollständigen.

Colbertbutter
Leicht schaumig gerührte Butter wird mit Salz, weißem Pfeffer, gehackter Petersilie sowie gehacktem Estragon gewürzt und mit flüssiger Fleischglace aufgezogen.

Champignonbutter
Frische Champignons werden in Butter und Weißwein schön weiß gedünstet und nach dem Abkühlen im Mixer fein püriert. Das ziemlich trocken zu haltende Champignonmus ist mit der gleichen Gewichtsmenge pomadig gerührter Butter zu vermengen und mit Salz und Pfeffer zu würzen.

Chivrybutter
Petersilie, Kerbel, Estragon, Schnittlauch und Zwiebeln werden fein püriert und im Anschluß daran durch ein Sieb gestrichen. Die erhaltene Paste rührt man unter weiche Butter und würzt sie mit Salz sowie einer Prise Cayennepfeffer.

Currybutter
Weichgerührte Butter wird mit so viel Currypaste vermischt, daß sie einen würzigen Currygeschmack aufweist. Diese Butter findet größtenteils zum Montieren von Saucen und Suppen Verwendung.

Englische Kräuterbutter
Unter schaumig gerührte Butter gibt man feingehackte Petersilie, Estragon, Kerbel sowie Savorasenf und vermischt sie mit Zitronensaft und Worcestershiresauce.

Estragonbutter
Kurz blanchierte Estragonblätter schreckt man in Eiswasser ab, tupft sie mit einem Tuch trocken, streicht sie durch ein feines Sieb und vermischt das Püree mit weichgerührter Butter.

Gänseleberbutter
In wenig Madeira pochierte frische Gänseleber – in Ermangelung von frischer Leber kann auch Konserve Verwendung finden – passiert man mit dem Fond durch ein feines Sieb, vermischt sie, wenn vorrätig, mit etwas Trüffelfond und schlägt sie unter leicht schaumige Butter. Diese Butter wird in der Hauptsache bei der Herstellung von Canapés verwendet.

Hummerbutter I
Gut getrocknete Schalen von gekochten Hummern werden fein gestoßen, in Butter schwach geröstet, mit Wasser aufgefüllt und ausgekocht. Der Fond wird im Anschluß daran durch ein Tuch passiert und zum Erstarren auf Eis gesetzt. Die erstarrte Butter ist

Buttermischungen

dann später leicht von der Flüssigkeit abzunehmen. Nach dem Abkratzen der unreinen Teile auf der Unterseite, läßt man die Butter am Herdrand noch einmal zusammenlaufen und füllt sie dann in ein verschließbares Geschirr ab. Diese Butter ist geeignet zum Aufmontieren von Suppen und Saucen sowie zum Beträufeln von weißen Fisch- und Krustentiergerichten.

Hummerbutter II
Abschnitte von Hummerfleisch und Reste, die keine rechte Portion mehr ergeben, sowie die inneren Weichteile des Hummerkörpers werden mit einer kleinen Sahnezugabe fein püriert und durch ein Sieb gestrichen. Das erhaltene Mus wir der gleichen Menge schaumiger Butter unterzogen und mit Salz und Cayennepfeffer abgeschmeckt. Zur Herstellung von Canapés, aber auch für exquisite warme Gerichte zu verwenden.

Kräuterbutter
Kurz blanchierte und gut ausgedrückte Kräuter wie Kresse, Petersilie, Kerbel sowie Sauerampfer werden gut püriert, durch ein Sieb gestrichen und mit der nötigen weichen Buttermenge vermischt. Sie ist mit Salz, Pfeffer sowie mit Zitronensaft abzuschmecken.

Krebsbutter
Bei der Krebsbutter handelt es sich um die gleichen Zubereitungsarten, wie sie unter Hummerbutter I und II beschrieben sind, wobei die Hummerschalen und das Hummerfleisch durch Schalen und Fleisch von Krebsen zu ersetzen sind.

Krevettenbutter
Die gekochten und ausgebrochenen Krevettenschwänze püriert man mit etwas Sahne zu einem feinen Brei, streicht ihn durch ein feines Sieb, verrührt ihn mit weichgerührter Butter und würzt mit Zitronensaft, Salz und weißem Pfeffer.

Mehlbutter
Unter 500 Gramm geschmeidige Butter arbeitet man etwa 400 Gramm Mehl und stellt die Masse als Vorrat kühl. Diese Mehlbutter wird zum Verdicken von schwach gebundenen Saucen, Suppen oder Gemüsen verwendet, wozu sie in kleinen Partien unter die kochenden Speisen gegeben wird.

Montpellierbutter
Spinat, Kerbel, Estragon, Kresse, Pimpernelle und Petersilie werden mit in Scheiben geschnittenen Zwiebeln kurz blanchiert, in Eiswasser abgekühlt und gut ausgepreßt. Die so behandelten Kräuter werden dann mit Pfeffergurken, Kapern sowie einigen Sardellenfilets fein püriert und im Anschluß daran durch ein Sieb gestrichen. Geschmeidige Butter wird dann mit dem erhaltenen Püree vermischt und mit Salz sowie frisch gemahlenem Pfeffer abgeschmeckt. Diese Butter wird bei der Herstellung von Canapés sowie als Beigabe zu kalten Fleisch- oder Käseplatten verarbeitet.

Meerrettichbutter
Feingeriebener Meerrettich wird mit einer Prise Zucker und Zitronensaft benetzt und mit der doppelten Menge schaumig gerührter Butter vermischt.

Nizzaer Butter
Weiche Butter schlägt man mit aufgelöster Fleischglace auf und vermischt sie mit in Butter angeschwitzten Schalotten, zerriebenem Knoblauch, gehackter Petersilie, Kerbel und Basilikum sowie mit Würfelchen von abgezogenen Tomaten.

Haselnußbutter
Geschälte und leicht geröstete Haselnüsse werden mit einer Zugabe von etwas Sahne fein gestoßen und durch ein Sieb gestrichen. Die feine Haselnußmasse verrührt man mit der doppelten Menge Butter und schmeckt sie mit Salz, Pfeffer sowie einigen Spritzern Weinbrand ab.

Pistazienbutter
Die Zubereitung der Pistazienbutter geschieht in der gleichen Art, wie sie bei der vorstehenden Haselnußbutter angewendet wurde. Sollte die Farbe der Pistazien zu schwach sein, so kann man sie mit einer kleinen Beigabe von Spinatmatte intensivieren.

Portugiesische Butter
Gut ausgekühltes, frisch zubereitetes Tomatenmus verrührt man mit durch ein Sieb gestrichenen, hartgekochten Eigelben, würzt mit Salz, frisch gemahlenem Pfeffer, einer Prise Zucker und Cayennepfeffer und verrührt das Ganze mit der gleichen Menge pomadiger Butter.

Buttermischungen

Pariser Butter
Recht fein geschnittene Zwiebeln, gehackte Petersilie, Sardellen und Salbei läßt man in wenig Öl glasig dünsten und im Anschluß daran gut auskühlen. Diese Masse schlägt man dann mit der Beigabe von Senf, Zitronensaft, Worcestershiresauce und etwas Paprikamark unter die schaumig gerührte Butter.

Flämische Butter
Unter schaumig gerührte Butter mischt man Dijoner Senf sowie etwas feinpüriertes Karottenmus und würzt das Ganze mit Zitronensaft und gehackter Petersilie.

Litauische Butter
Fertiggestellte Colbertbutter versieht man mit einer Einlage von recht kleinen, in Butter hellgelb gerösteten Weißbrotwürfelchen.

Lemonbutter
Unter schaumig gerührte Butter zieht man das Abgeriebene von Zitronen sowie eine entsprechenden Menge Zitronensaft und würzt die Butter mit Cayennepfeffer und gehackter Petersilie.

Grüne Zitronenbutter
Die Schale von dünn geschälter, frischer Limone wird in feinste Streifchen geschnitten und einige Minuten blanchiert. Die abgekühlten Streifchen zieht man mit dem ausgedrückten Limonensaft unter die aufgeschlagene Butter, die mit einer Beigabe von Spinatmatte und Cayennepfeffer farblich und geschmacklich gehoben wird.

Newcastlebutter
Einige Eßlöffel Weinessig und ebensoviel kräftiger Fischfond werden zehn Minuten mit einigen gehackten Sardellen sowie einer zerdrückten Ölsardine zusammen gekocht und durch ein Sieb gestrichen. Das Mus vermischt man mit Worcestershiresauce sowie etwas Ketchup und zieht es nach dem Auskühlen unter schaumig gerührte Butter.

Gascogner Butter
Einige Minuten abgebrühten Knoblauch stößt man fein und streicht ihn im Anschluß daran durch ein feines Sieb. Die vierfache Menge an Butter wird mit Salz, Cayennepfeffer und Muskatblüte leicht aufgeschlagen und mit dem Knoblauchpüree vermischt.

SÜSSE SAUCEN

SÜSSE SAUCEN ZU WARMEN UND KALTEN SÜSSSPEISEN

Ananassauce
Die geschälte und kleingeschnittene Ananas wird mit Weißwein, etwas Wasser sowie Zucker weich gekocht und leicht abgekühlt durch ein feines Sieb gestrichen. Einige Eigelbe, feiner Zucker, etwas von dem Ananasfond sowie ein wenig Weizenpuder schlägt man auf nicht zu heißem Feuer zu einem festen Schaum auf, den man zum Schluß mit dem passierten und abgetropften Ananasmark unterzieht.

Apfel-Rum-Sauce
Eine Flasche Apfelfriate (in Reformhäusern erhältlich) erhitzt man mit einem Stück Stangenzimt, Muskatblüte, abgeschälter Zitronenschale sowie ein wenig Ingwersirup. Die Gewürze läßt man zehn Minuten ausziehen und gießt den Sirup dann durch ein feines Sieb. Nach vollständigem Auskühlen parfümiert man das Ganze mit hochprozentigem Rum und versieht die Sauce mit einer Einlage von kleinen Ingwerwürfelchen.

Arraksauce
Einige ganze Eier, doppelt soviele Eigelbe, feiner Zucker, etwas Weizenpuder, das Innere einer Vanilleschote, Abgeriebenes einer Zitrone sowie Weißwein und eine gute Portion Arrak werden in einer entsprechenden Kasserolle über schwachem Feuer recht heiß und gut schaumig geschlagen.

Süße Saucen

Aprikosensauce
Durch ein Sieb passierte Aprikosenmarmelade wird mit 16gradigem Läuterzucker verlängert, zum Kochen gebracht, gut ausgeschäumt und mit beliebigem Geschmack versehen. Die Sauce kann kalt und warm zur Verwendung kommen. Sofern sie als Beigabe für warme englische Fruchtpuddings vorgesehen ist, wird sie mit einem Stück frischer Butter geschmacklich gehoben.

Vanillecremesauce
Zwei Eigelbe, 125 Gramm Zucker, 25 Gramm Weizenpuder sowie das Innere einer Vanilleschote rührt man mit etwas kalter Milch glatt und gibt nach und nach einen halben Liter heiße Milch dazu. Unter stetigem Rühren mit einem Schneebesen läßt man das Ganze auf schwachem Feuer einmal aufstoßen und verwendet diese Sauce zu sämtlichen warmen Süßspeisen wie Aufläufen oder Puddings.

Krokantcremesauce
Feingestoßenen Krokant sowie eine Beigabe von Weinbrand hebt man beim Service unter die fertiggestellte Vanillesauce.

Haselnußsauce
Geschälte Haselnüsse werden hellbraun geröstet und nach dem Abkühlen fein gerieben. Mit einer Beigabe von aufgelöster Kuvertüre zieht man die Nüsse unter die mit Nußlikör fertiggemachte Vanillecremesauce.

Mokkacremesauce
Unter eine Vanillecremesauce zieht man einen stark zubereiteten Mokkaextrakt sowie ein wenig Mokkalikör. Sollte die Sauce dicker gewünscht werden, verwendet man an Stelle des Extraktes eines der gefriergetrockneten Kaffeepräparate.

Karamelcremesauce
125 Gramm Zucker schmelzt man zu Karamel, löscht ihn mit ein wenig Wasser ab, füllt ihn mit der zur Verwendung kommenden Milch auf und verfährt in der Zubereitung weiter wie unter der Rezepturanweisung für Vanillecremesauce angegeben. Zum Schluß ist diese Sauce mit einer Beigabe von Rum geschmacklich zu vollenden.

Mandelcremesauce
Die wie oben beschriebene Vanillecremesauce wird mit gerösteten und feingeriebenen Mandeln fertiggestellt und zum Schluß mit Maraschinolikör abgeschmeckt.

Schokoladencremesauce
Die hier angegebene Menge der Vanillecremesauce, die für alle folgenden Saucen gewissermaßen als Grundsauce anzusehen ist, ist mit etwa 100 Gramm aufgelöster Kuvertüre zu vollenden.

Weincremesauce
Zwei ganze Eier, zwei Eigelbe, 270 Gramm Zucker, 50 Gramm Weizenpuder werden mit einem viertel Liter Weißwein glattgerührt und mit drei viertel Liter kochendem Wein, den man nach und nach dazugibt, unter stetigem Schlagen auf kleiner Flamme einmal kurz aufgekocht.

Englische Cremesauce
300 Gramm feiner Zucker, sechs Eigelbe, ein gestrichener Eßlöffel Weizenpuder werden verrührt und dann mit einem Liter kochender Milch, die nach und nach dazugegeben wird, übergossen. Das Ganze wird auf dem Feuer so lange mit dem Schneebesen gerührt, bis eine dickliche Sauce entsteht.

Rum-Rahm-Sauce
Drei Eigelbe, 80 Gramm Zucker und 40 Gramm Weizenpuder werden verrührt und nach und nach mit drei viertel Liter kochender Milch auf schwachem Feuer dickgeschlagen und mit gutem Rum abgeschmeckt.

Weinschaumsauce
Sechs ganze Eier, sechs Eigelbe, 300 Gramm Zucker, der Saft von zwei Zitronen, ein Teelöffel Weizenpuder sowie drei viertel Liter Weißwein werden auf schwachem Feuer aufgeschlagen und im mäßig heißen Wasserbad bereitgestellt.

Erdbeer-, Himbeer- oder Johannisbeersauce
Hierzu kommt am vorteilhaftesten die Konfitüre oder das Gelee der betreffenden Früchte zur Verwendung. Sie werden durch ein feines Sieb passiert und mit Sirup oder Läuterzucker verlängert sowie mit einem geeigneten Likör geschmacklich vollendet.

Süße Saucen

Gebundene Fruchtsaucen
Diese einfachen Fruchtsaucen können von allen geeigneten Kompottsäften hergestellt werden. Sie werden mit unterschiedlicher Zuckerbeigabe aufgekocht und mit etwas in Wasser angerührtem Arrowroot oder Weizenpuder gebunden und mit einer beliebigen Alkoholzugabe verfeinert.

Orangensauce
In den meisten Fällen stellt man die Orangensauce von Orangenkonfitüre her, die man durch ein feines Sieb streicht und mit Läuterzucker und Curaçao in eine nappierfähige Konsistenz bringt.

Aprikosensauce von frischen Früchten
Zwei Kilogramm entkernte Aprikosen werden mit 450 Gramm Zucker, knapp einem halben Liter Wasser sowie einem viertel Liter Weißwein auf das Feuer gebracht und bis zum Verfallen weich gekocht. Im Anschluß daran werden die Früchte fein passiert und mit schwachgradigem Läuterzucker sowie mit Apriko-Brandy in die richtige Konsistenz gebracht.

Johannisbeersauce von frischen Früchten
Frische, gewaschene Johannisbeeren mit Stielen werden mit wenig Wasser bis zum Zerfallen der Beeren erhitzt und im Anschluß daran durch ein feines Sieb gedrückt. Das erhaltene Fruchtmark versetzt man mit dem nötigen Zucker, Weißwein sowie Wasser und bringt es zum Kochen. Nach zehnminütigem Kochen und Abschäumen stellt man die Sauce zur Seite, gibt Zitronensaft hinzu und prüft nach völligem Erkalten die Konsistenz. Ist sie zu dick, verrührt man sie mit schwachem Läuterzucker, im gegenteiligen Fall verkocht man sie mit etwas angerührtem Weizenpuder.

Bischofssauce
Ein Liter Rotwein wird mit 300 Gramm Zucker, einigen Gewürznelken, dünn geschälter Zitronenschale sowie einem Stück Stangenzimt aufgekocht und mit angerührtem Weizenpuder zur gewünschten Dicke gebunden. Zum Schluß läßt man sie noch einmal unter Beigabe von 50 Gramm gestiftelten Mandeln sowie vorgebrühten, mit Weinbrand oder Rum befeuchteten Rosinen aufstoßen.

Frisches Erdbeermark als Saucengrundlage
Um später eine Erdbeersauce von schöner Farbe zu erhalten, stellt man das Mark auf kaltem Wege her. Dazu benötigt man vollreife und aromatische Beeren, die man zunächst nach dem Waschen auf einem Tuch abtropfen läßt. Nach dem Entstielen gibt man die Früchte in einen Mixer und streicht das Mark anschließend durch ein Haarsieb. Das so gewonnene Mark wird mit der gleichen Gewichtsmenge Puderzucker verrührt und in verschlossenen Gefäßen im Kühlraum aufbewahrt. Durch die Konserviereigenschaft des Zuckers, der das Mark sogar leicht gelieren läßt, ist eine lange Haltbarkeit garantiert.

Frisches Himbeermark
Die Himbeeren werden in der gleichen Art und in den gleichen Proportionen wie beim vorstehenden Erdbeermark verwendet.

Grand-Marnier-Orangensauce
Passierte Aprikosenkonfitüre mit etwas Wasser zum Kochen bringen und nach dem Auskühlen mit reichlich Grand Marnier sowie mit filierten Orangenspalten vermischen.

Aprikosensauce Cäcilie
Zwei Teile Aprikosenpüree sowie ein Teil flüssiger Bienenhonig werden glatt verrührt und mit Nußlikör und Maraschino geschmacklich vollendet.

Weinbrandsauce oder Weinbrandbutter
als Beigabe zu Plumpudding und ähnlichen Puddings
a) Aprikosensauce, kräftig mit Weinbrand abgeschmeckt.
b) Englische Cremesauce mit reichlich Weinbrand versetzen.
c) Weinbrandbutter oder Hard Sauce:
   Frische Butter wird mit Puderzucker, abgeriebener Zitronenschale gut schaumig gerührt und mit Crème double sowie einer reichlichen Menge Weinbrand abgeschmeckt.

Karamelsauce
250 Gramm Zucker werden in nicht zu flacher Kasserolle hellbraun geschmolzen und mit einem guten Liter Wasser aufgefüllt. Man läßt das Ganze bis zur völligen Auflösung des gebrannten Zuckers kochen und zieht es mit angerührtem Weizenpuder zur leicht gebundenen Sauce ab. Zur geschmacklichen Abrundung versetzt man diese nach dem Auskühlen mit der entsprechenden Menge Weinbrand oder Rum.

Süße Saucen

Schwarzwälder Kirschsauce
Entsteinte Sauerkirschen kocht man mit Läuterzucker recht weich und streicht sie im Anschluß daran durch ein feines Sieb. Das erhaltene Fruchtmus versetzt man mit Wasser sowie einem Teil Johannisbeergelee, bringt es zum Kochen und zieht das Ganze mit angerührtem Weizenpuder ab. Nach dem Auskühlen schmeckt man die Sauce mit Kirschwasser ab.

Kirschsauce Cardinal
Einen Liter Wasser verkocht man mit 200 Gramm Zucker und einer aufgespaltenen Vanilleschote zu Läuterzucker und zieht diesen mit in Wasser verrührtem Weizenpuder in der gewünschten Konsistenz ab. Diesen Fond versetzt man mit einer guten Menge entsteinten Kirschen und schmeckt das Ganze mit etwas Kirschwasser ab.

Melonensauce
Gut reife und aromatische Melonen werden vom Kerngehäuse befreit, geschält und mit Weißwein, Zucker sowie dünn geschälter Zitronenschale gekocht. Das Ganze wird dann im Mixer fein püriert und nach nochmaligem Aufkochen mit angerührtem Weizenpuder leicht gebunden sowie später mit Rum vollendet.

Heiße Schokolade
Gute Kuvertüre wird mit einer Beigabe von etwas heißem Wasser zum Schmelzen gebracht und mit flüssiger Sahne auf die gewünschte Konsistenz verrührt.

Heiße Ingwerschokolade
Die Zubereitungsart ist die gleiche wie vorstehend, nur rührt man anstelle der Sahne einen kleinen Teil des Ingwersirups sowie feine Würfelchen der Ingwerpflaume darunter.

Hagebuttensauce
Das in Reformhäusern angebotene Hagebuttenmark verrührt man mit dickem Apfelsirup (Apfelfriate) zur gewünschten Konsistenz. Die Sauce kann kalt und warm zu diversen Eisspeisen oder Crèmes angeboten werden.

Stachelbeersauce
Noch grüne, unreife Stachelbeeren werden mit Zucker, Wasser und Weißwein weich gekocht und anschließend durch ein Sieb passiert. Unter Zugabe von Wasser bringt man den erhaltenen Fruchtsaft zum Kochen und bindet das Ganze mit Weizenpuder.

Zimt-Rahmsauce
Stangenzimt wird mit Zucker und Rahm einige Minuten ausgekocht. Die abgekühlte Flüssigkeit versetzt man mit Eigelben, Milch sowie wenig Weizenpuder und schlägt das Ganze auf kleiner Flamme langsam zu einer schaumigen Masse.

Tokajersauce
Durch ein Sieb passierte Aprikosenkonfitüre verkocht man mit Tokajer zur überziehfähigen Sauce.

Maronensauce
In Milch und Vanille weichgekochte, geschälte Maronen werden durch ein Sieb gestrichen, mit Eigelben, Zucker sowie der Maronenmilch und Sahne vermischt und auf mäßigem Feuer aufgeschlagen.

Polnische Sauce
180 Gramm Rosinen werden mit einem Liter Flüssigkeit (Wasser und Weißwein je zur Hälfte) aufgekocht und zur Seite gestellt. Zwischenzeitlich schält man eine Orange sowie eine grüne Zitrone dünn ab und schneidet die Schalen in recht feine Julienne. Desgleichen schneidet man abgezogene Mandeln und Pistazien streifig. Die Rosinen werden dann wieder auf das Feuer gesetzt, die Pistazien, Mandeln sowie die gebrühte Julienne und Zucker dazugegeben und aufgekocht. Das Ganze zieht man dann mit angerührtem Weizenpuder ab und schmeckt die Sauce mit dem ausgepreßten Orangen- und Zitronensaft sowie mit etwas Weißwein ab.

Sabayon von Gewürztraminer, Weißherbst, Tokajer, Portwein oder Champagner
Sechs Eigelb, 150 Gramm Zucker, einen viertel Liter des gewünschten Weines, zwei Zitronensäfte werden im heißen Wasserbad schaumig aufgeschlagen und mit fünf Blatt geweichter Gelatine versetzt. Die Masse wird im Anschluß daran kalt geschlagen und kurz vor dem Erreichen dieses Zustandes mit einem viertel Liter geschlagener Sahne unterzogen.

ALLGEMEINE ANMERKUNGEN

zu verschiedenen Füllungen, Panaden, Salpikons sowie den gebräuchlichsten Schnittarten von Fleisch und Gemüse

Für eine ganze Reihe von Gerichten benötigt man entsprechende Füllungen, die je nach Zubereitungsart fein püriert, fein gehackt, in Würfelchen geschnitten oder in Form von Panaden als Streck- oder Auflockerungsmittel zur Anwendung kommen. Die verschiedenartigen Füllungen haben ihre besonderen Bezeichnungen erhalten.

1. Panaden als Binde- oder Streckmittel

Bei der Zubereitung von Panaden, die sowohl als Bindemittel für Farcen oder auch als Füllmasse Verwendung finden, unterscheidet man folgende Herstellungsweisen:

a) Eipanade = Frangipan

1/2 Liter Milch kocht man mit 90 Gramm Butter auf und verrührt die Flüssigkeit unter Beigabe von 240 Gramm gesiebtem Weizenmehl zu einer festen Masse, die so lange über guter Hitze abzurühren ist, bis sie sich vom Geschirr löst. Im Anschluß daran rührt man nach und nach fünf Eigelbe hinzu und verwendet sie ausgekühlt als Bestandteil zu Fisch- und Geflügelfarcen.

b) Mehlpanade = Panade de farine

1/2 Liter Wasser, 50 Gramm Butter und eine Prise Salz läßt man aufkochen, fügt 250 Gramm gesiebtes Weizenmehl hinzu und röstet die entstandene Masse in der gleichen Form ab, wie es vorstehend gehandhabt wurde. Die gut ausgekühlte Panade kann für alle feinen Farcen Verwendung finden.

c) Brot- oder Semmelpanade = Panade de pain blanc

Diese Art findet am vorteilhaftesten bei der Bereitung von Fisch- sowie Gemüsefüllungen Verwendung und ist wie folgt herzustellen. Das von der Rinde befreite Weißbrot wird in nicht zu große Würfel geschnitten, mit heißer Milch übergossen und zum Quellen zur Seite gestellt. Nach genügendem Abkühlen wird das Brot gut ausgedrückt und mit Butter auf dem Feuer so lange abgerührt, bis sich die Masse vom Geschirr löst.

d) Reispanade = Panade de riz

Reis wird mit guter Fleischbrühe im Verhältnis 1:2 sowie mit einer Beigabe von wenig Butter und Salz vollständig weich gekocht und über guter Hitze zu einer glatten Masse abgerührt.

2. Coulis

Bezeichnung für durchgestrichene, mit Fleischbrühe vollständig weich gekochte Pürees von Fleisch, Geflügel, Wild, Gemüsen, Fischen, Krustentieren oder dergleichen, sofern sie ohne Bindemittel wie Mehl, Eier oder Panade zubereitet sind. Coulis aus vorgenannten Bestandteilen gebraucht man zur Vollendung von Suppen und Saucen; sie können aber ebensogut als Streckmittel verwendet werden.

3. Duxelles = feingehackte, gedünstete Füllung von Zwiebeln, Pilzen und Petersilie

Im Gegensatz zur Farce, die ja ein feinpassiertes Püree darstellt, handelt es sich bei der Duxelles immer um feingehackte Zutaten, die auch als Füllung in Frage kommen. Man kann folgende Herstellungsarten unterscheiden:

a) Trockene Duxelles

Diese besteht aus feingehackten Zwiebeln sowie gehackten Champignons, die mit feingehackter Petersilie in Butter gedünstet werden. Nach Belieben und je nach Verwendungsart kann die Duxelles mit gehacktem Schinken, Eiern oder dergleichen ergänzt werden.

b) Gebundene Duxelles

Die wie vorstehend hergestellte trockene Duxelles wird mit etwas Weißwein abgelöscht, mit wenig brauner Sauce, geriebenem Weißbrot und nach Bedarf mit etwas Tomatenmark gebunden und bis zur richtigen Konsistenz eingekocht.

Allgemeine Anmerkungen

c) Gemischte Duxelles

Die gemischte Duxelles besteht zur Hälfte aus trockener und gebundener Duxelles, unter die zum Füllen bestimmter Gerichte nach Bedarf rohe Farce gezogen wird. Diese Art ist bei der Zubereitung von Krusteln oder Croûtons anzuwenden.

4. Salpikon

= feingeschnittene, kleinwürfelig bzw. haselnußgroß geschnittene Garnituren oder Füllbestandteile, die mit Sauce gebunden werden. Man könnte auch von kleinem oder feinem Ragout sprechen, je nachdem wie man es verwendet oder anrichtet. Diese Würfelragouts, mit der entsprechenden Sauce gebunden, geben den Gerichten durch ihre Zusammensetzungen auch den Namen, wie „nach Finanzmannsart", nach „Königinart", nach „Jägerart" oder zum Beispiel „Pastetchen Diana" für Blätterteigpastetchen, die mit einer gebundenen Füllung aus kleinwürfelig geschnittenem Wildfleisch, kleinen Klößchen sowie Pilzen versehen sind.

5. Schnittarten

Brunoise = kleinwürfelig geschnittenes Fleisch oder Gemüse, nicht größer als feinste Erbsen.

Julienne = in feine Streifchen geschnittenes Fleisch oder Gemüse.

Paysanne = in quadratischer Form sehr feinblättrig geschnittenes Gemüse, das speziell als Suppeneinlagen zur Verwendung kommt.

Losanges = in verschobene quadratische Scheibchen geschnittenes Gemüse, Speck, Eierstich oder ähnliches.

REGISTER

Admiralsauce 31, 73
Afrikanische Sauce 55
Albuférasauce 49
Alexandrasauce 81
Algerische Sauce 73
Algiersauce 68
Alicantesauce 69
Ananassauce 90
Andalusische Sauce 42, 74
Antiber Sauce 81
Apfel-Meerrettich-Sauce 81
Apfel-Rum-Sauce 90
Aprikosensauce 91
Aprikosensauce Cäcilie 94
Aprikosensauce von frischen Früchten 93
Arlesische Sauce 67
Arraksauce 90
Aufgeschlagene Sauce 66
Aufgeschlagene Weißweinsauce 33
Aurorasauce 42, 46
Austernsauce, braune 38
Austernsauce, rote 36
Austern- oder Muschelsauce 30

Bahamasauce 31
Barbecuesauce 63
Barotto-Sauce 48
Basilikumcreme zu Terrinen von Fisch und Krustentieren 84
Bayerische Sauce 69
Béarner Sauce mit ihren Ableitungen 66
Béchamelsauce 27
Béchamel-Schaumsauce 48
Bercybutter 85

Bercysauce 34
Bischofssauce 93
Blonde Fischrahmsauce 36
Blonde Madrider Meerrettichsauce 39
Börsensauce 42
Bojarensauce 51
Bordeaux-Rotweinsauce mit Mark 54
Botschafterinsauce 49
Brabanter Butter 85
Braune Austernsauce 38
Braune Champignonsauce 55
Braune Fischsauce 30, 36
Braune Geflügel-Einmachsauce 51
Braune Grundsauce von Kalbs- oder Wildfond 27
Braune Grundsaucen für Schlachtfleisch und Wild 54
Braune Matelotesauce 36
Brauner Fond 24
Brauner Kalbsfond oder Kalbsjus 24
Braune Sardellenbutter 39
Braune Sauerampfersauce 52
Braune Schaumweinsauce 51
Braune Senfsauce 61
Braune Wildentensauce 52
Braune Zwiebelsauce 62
Bretonner Sauce 43
Budapester Sauce 35
Burgfrauensauce 63
Burgundersauce 55
Butter, flämische 89
Buttermischungen 85
Buttersauce 42
Buttersauce, flämische 44